湖北省公益学术著作出版专项资金资助项目
国家自然科学基金青年科学基金项目
国家自然科学基金面上项目
中国乡村振兴理论与实践丛书

# 乡村文化景观保护与可持续利用

王 玏 著

华中科技大学出版社
http://press.hust.edu.cn
中国·武汉

图书在版编目（CIP）数据

乡村文化景观保护与可持续利用 / 王玏著. — 武汉：华中科技大学出版社，2023.8
（中国乡村振兴理论与实践丛书）
ISBN 978-7-5680-9706-2

Ⅰ.①乡… Ⅱ.①王… Ⅲ.①乡村-人文景观-保护-研究-中国 Ⅳ.①K928.70

中国国家版本馆CIP数据核字（2023）第152357号

## 乡村文化景观保护与可持续利用
王玏 著
Xiangcun Wenhua Jingguan Baohu yu Kechixu Liyong

| | | | |
|---|---|---|---|
| 出版发行： | 华中科技大学出版社（中国·武汉） | 电话： | （027）81321913 |
| 地　　址： | 武汉市东湖新技术开发区华工科技园 | 邮编： | 430223 |

策划编辑：金　紫
责任编辑：熊　彦　　　　　　　　　　　　封面设计：清格印象
责任校对：谢　源　　　　　　　　　　　　责任监印：朱　玢

录　　排：华中科技大学惠友文印中心
印　　刷：湖北金港彩印有限公司
开　　本：787 mm×1092 mm　1/16
印　　张：11.5
字　　数：201千字
版　　次：2023年8月第1版　第1次印刷
定　　价：88.00元

投稿邮箱：283018479@qq.com
本书若有印装质量问题，请向出版社营销中心调换
全国免费服务热线：400-6679-118　竭诚为您服务
版权所有　侵权必究

# 中国乡村振兴理论与实践丛书
# 丛书编委会

**主　编**　李保峰（华中科技大学）
　　　　　王　通（华中科技大学）

**委　员**　李保峰（华中科技大学）
　　　　　董楠楠（同济大学）
　　　　　乔　杰（华中科技大学）
　　　　　王　玏（华中农业大学）
　　　　　王　通（华中科技大学）

# 总序

全面推进乡村振兴，是中共二十大作出的重大决策部署。全面建设社会主义现代化国家，最艰巨最繁重的任务在农村。坚持农业农村优先发展，坚持城乡融合发展，畅通城乡要素流动，扎实推动乡村产业、人才、文化、生态、组织振兴，正确处理好发展与保护、人与自然和谐共生的关系是实施乡村振兴战略的重要方面。

我国相关文件对"推动农村基础设施建设"、"持续改善农村人居环境"、"加强乡村生态保护及修复"、"构建农村一二三产业融合发展体系"等方面提出了明确的建设要求，注重协同性、关联性、整体性。要做到这些必须科学规划、科学发展，"中国乡村振兴理论与实践丛书"便是在此背景下策划筹备而来。

"中国乡村振兴理论与实践丛书"紧密围绕全面乡村振兴，聚焦乡村建设这一发展主题，着眼于生态宜居，面向乡村建设的难点和关键点，依托不同类型的乡村人居环境，研究中国乡村建设中的理论和实践问题，总结我国乡村建设的实践成果，为我国乡村生态振兴提供理论支持和路径选择。

"中国乡村振兴理论与实践丛书"由4本专著构成：《新江南田园——乡村振兴中的景观实践与创新》《乡村文化景观保护与可持续利用》《面向产业振兴的乡村人居生态空间治理研究》与《鄂西土家族传统聚落空间形态与演化》。前3本分别基于大都市郊区乡村、历史文化景观村落、山区乡村三类乡村所呈现出来的突出问题进行了研究；第4本以鄂西武陵山区土家族传统聚落为研究对象，研究少数民族地区乡村聚落的空间演化机制，从理论角度解读乡村形态的变化，为少数民族地区乡村建设提供理论基础。

2020年5月，经广泛论证，我们决定从乡村建设的视角组织编写此丛书，并陆续邀请同济大学、华中科技大学、华中农业大学等院校的相关学者担任丛书编写委员会委员，召开了丛书编写启动会议，确定了分册作者，经过两年多的努力，于2023年初完稿。

"中国乡村振兴理论与实践丛书"紧靠时代背景，紧抓历史契机，紧密围绕全面乡村振兴，尤其是乡村建设这一发展主题。丛书着眼于乡村人居环境的建设，从"生态宜居"和"留住乡愁"的视角出发，对全面推进乡村振兴中的乡村"硬环境"和"软环境"进行了深入研究。丛书研究了多尺度下乡村文化景观的生物文化多样性，分析与挖掘乡愁的感知与表达，并在应对气候变化问题上提出乡村文化景观的适应性发展策略，为新时代背景下的乡村景观绿色发展与城乡融合发展提供决策建议；丛书以湖北省重要的民族乡村地区为研究对象，提出释放乡村产业要素活力，优化空间结构，突出功能特色，推进民族乡村振兴和山区人居生态环境可持续发展；丛书构建了健康的乡村景观环境系统，立体化地呈现了多样化的景观策略，可供更多的乡村建设与发展借鉴参考。在此基础上，丛书还对我国乡村的自然灾害和人为灾害历史进行了分析，厘清了乡村聚落区域性防御防灾方略，梳理了相应的乡村聚落防御防灾体系，以期为乡村防灾提供有益的参考和借鉴。这些研究都契合新时期乡村建设的发展需要，具有较高的实践指导价值。

在乡村振兴背景下"建设宜居宜业和美乡村"是大势所趋。本套丛书的出版对于实施乡村振兴战略，促进农业、农村、农民的全面发展，实现中华民族伟大复兴的中国梦具有重要的社会意义和经济意义，也希望丛书能够在乡村研究的学术领域做出些许贡献。

2023 年 3 月

# 前言

也许是城市的喧嚣唤起了人们内心对自然的向往，大家开始追忆那曾经田园牧歌式的乡土生活。"乡愁"一词就是在这样的背景下产生的一种在他者文化视域下对自我精神家园和文化身份定位进行重构的情感表达。乡村文化景观作为衍生乡愁的时空载体，是主体与空间互动的纽带，对传统农耕文明的承续与乡村价值体系的重构有着重要的意义。

我国乡村文化景观独特的人地关系及持续演进特征使其成为天人合一的典范。以乡村文化景观为代表的，具有文化与自然交织、物质和非物质融合特征的活态遗产，在城乡融合发展过程中获得了文化认同并成为人们的情感归宿。在全面推进乡村振兴战略背景下，乡村文化景观更需要将传统文化与现代生活相融合，进行乡土风貌的重构，以恢复乡村的活力。为此，需要解译乡村文化景观、了解乡村社会结构、重塑乡村活力。

在实地调研过程中我们发现，许多地方的乡村风貌都在发生变化，大部分变化使得乡村文化景观逐渐趋同，这些变化弱化了乡村文化景观的多样性特征。要延续乡村文化景观的脉络，需要理解乡村文化景观中的"变"与"不变"，准确判断乡村文化景观有机演进过程中变的方式和可变的程度，这是处理好乡村文化景观保护与发展之间矛盾的关键。目前乡村文化景观的研究呈现出四个方面的变化趋势：一是从物质空间保护向自然-文化融合的综合保护方向发展；二是从静态保护向活化利用方向发展；三是从单一利用模式向多元化的持续利用方向发展；四是从单一的传统村落保护向城乡融合方向发展。因此，深入分析乡村文化景观演变机制、激发乡村振兴的内核动力、以保护促发展是实现乡村文化景观可持续利用的核心内容。

在这个快速变化的时代里，一定存在着某些恒定不变的内容，而对乡村而言，这个不变的内容或许是一种长期传承的思想观念，或许是某种演进规律，或许是某种组合逻辑。本书希望找到不变的内容，围绕不变阐发变的趋势。因此，尝试着构建一种以围绕价值阐释为核心展开乡村文化景观特质要素识别的框架。这本书仅仅是近些年我对乡村文化景观的一些思考，里面记载了一些不太成熟的观点，后续还有很多值得深入研究的内容和开展的实践。

在此，感谢团队成员张志远、刘思雨、陆毅洁、赵星雅、焦岩岩、吴宇婷、方丹、陈思谕、张青青、宋希法、王梓臣、杨涛、石伟、李佳怡、王卉楠等同学在本书写作过程中所做的贡献，感谢李保峰教授、王通副教授组织本套丛书的出版，感谢国家林业和草原局西北调查规划设计院高级工程师刘楠在本书写作过程中提供相关帮助，感谢金紫编辑和熊彦编辑对全书的辛苦付出，感谢大北农"乡村规划设计研究院"建设基金的支持，对帮助过我们调研、撰写的相关人员一并致以诚挚的谢意！

王玏

2023 年 2 月 3 日于华中农业大学景园楼 313

# 目录

## 1 乡村文化景观概述     1

    1.1 乡村文化景观的缘起     2

    1.2 乡村文化景观的发展     4

    1.3 乡村文化景观的类型与构成要素     9

    1.4 全球乡村文化景观的特征     16

    1.5 国内外乡村文化景观比较研究     34

    1.6 乡村文化景观研究中的方法与技术     36

## 2 乡村文化景观多元价值阐释方法     39

    2.1 乡土情境与乡村文化景观价值阐释     40

    2.2 乡村文化景观的多元价值体系     42

    2.3 乡村文化景观的特质     45

    2.4 基于价值 - 特质 - 要素的乡村文化景观保护框架     48

## 3 国土空间规划中乡村文化景观的识别与保护     59

    3.1 国土空间规划与乡村文化景观保护     60

    3.2 乡村文化景观的保护目标与原则     68

    3.3 乡村文化景观特质识别     74

## 4 气候变化与乡村文化景观可持续发展　　81

4.1 气候变化对乡村文化景观的影响　　82

4.2 应对气候变化的乡村文化景观系统　　88

4.3 乡村文化景观价值影响评估　　95

4.4 乡村文化景观保护与绿色发展　　102

## 5 流域水网影响下的乡村文化景观保护实践——汉水流域长渠乡村文化景观整体保护研究　　111

5.1 汉水流域的农耕活动与治水思想　　112

5.2 长渠乡村文化景观价值与特质　　115

5.3 长渠乡村文化景观整体保护方法　　123

## 6 保护地乡村文化景观发展实践——基于生物文化多样性评价的西宁群加国家森林公园与群加藏族乡协同发展研究　　137

6.1 乡村文化景观与保护地关系　　138

6.2 生物文化多样性概述　　139

6.3 群加藏族乡生物文化多样性评价　　143

6.4 群加国家森林公园与群加藏族乡区域协同发展建议　　156

## 主要参考文献　　160

# 1 乡村文化景观概述

- 乡村文化景观的缘起
- 乡村文化景观的发展
- 乡村文化景观的类型与构成要素
- 全球乡村文化景观的特征
- 国内外乡村文化景观比较研究
- 乡村文化景观研究中的方法与技术

## 1.1 乡村文化景观的缘起

图 1-1 天、地、稼、人——中国农耕文明的四大核心要素

《说文解字》载，儂（农），耕也；曏（乡），国离邑，民所封乡也。居民在土地上从事农业生产活动成为乡村文化景观形成的基础条件，而乡土风景的不同则取决于在不同地理环境特征下选取的作物类型、形成的耕作制度、营造的聚落景观及孕育的农耕文明。《吕氏春秋·审时》中的"夫稼，为之者人也，生之者地也，养之者天也"充分表达了天、地、稼、人作为中国农耕文明的四大核心要素相互作用的特征（图1-1）；而乡村文化景观便是四者之间和谐共生、不断适应、逐渐发展所形成的稳定状态。因此研究乡村文化景观就是探索这种稳定状态的形成机理。

我国幅员辽阔，涵盖五种常态地形，跨寒温带、中温带、暖温带、亚热带、热带等多个温度带，以及特殊的青藏高寒区。各个区域的居民依据原有的自然条件，选择作物和耕作方式，与自然不断融合，形成不同的乡村文化景观风貌。我国古代农业以农业生产工具的发展为技术动力，随着农业技术的推进，古代农业生产主要经历了"刀耕火种"、"石器锄耕"、"铁犁牛耕"三个重要阶段。从农业生产工具的演变，可以探究自然对人类生存发展的影响程度，考证人类对自然干预程度的差异和变化。由此可见，原始自然肌理与农业生产技术共同推动了乡村文化景观的产生、演变和发展。

古人不仅从农业生产技术中总结出了成熟的农业生产实践经验与典籍，还从其中提炼出了人与自然共生、人类社会发展的朴素哲学思想，丰富了乡村地区的文化内涵。《史记·太史公自序》"夫春生夏长，秋收冬藏，此天道之大经也"延伸出了因时制宜的思想；《晋书·傅玄列传》"不务多其顷亩，但务修其功力"则强调精耕细作；从《潜书·富民》"陇右牧羊，河北育豕，淮南饲鹜，湖滨缫丝，吴乡之民，编蓑织席"（清代唐甄）可见"因地制宜、扬长避短"的农业生产智慧。这些传统智慧不仅指导了农业耕作，也展现了村民的社会关系、耕作习惯和技术条件等方方面面。

乡村独特的自然地理条件和乡土文化，使其成为文人骚客写景咏物的重要主题，所描绘的内容也具有强烈的地方特色。诗词画卷的内容涵盖不同农业生产方式，如南北朝乐府诗《敕勒歌》"敕勒川，阴山下。天似穹庐，笼盖四野，天苍苍，野茫茫，风吹草低见牛羊"描述了北国草原的平川、大山、天空、旷野和游牧生活，壮丽富饶、恢宏壮阔；宋代范成大《四时田园杂兴·其三十一》"昼出耘田夜绩麻，村庄儿女各当家。童孙未解供耕织，也傍桑阴学种瓜"用细腻清新的笔调描述了农耕区除草、搓麻线的夏日生活。北宋画家王希孟在《千里江山图》中描绘了乡居的理想模式，反映了人们选择乡村人居环境的心理倾向。图中山势延绵，水天一色，在河湖串联的山谷和山前地带形成了水村林田、渔船茅屋等生活场景，以一种日常的生活、劳动景象来辉映自然（图 1-2）。

因地形条件而形成的不同耕作风景也是人们抒发情感的重要载体。"高田如楼梯，平田如棋局"（《出郊》明，杨慎）说的是梯田与平田的不同风光。"百转千盘下翠微，梯田足水自然肥"（《自南齐下吉乘驴车至加里巴丹》清，陈宝琛）、"水满田畴稻叶齐，日光穿树晓烟低"（《新凉》宋，徐玑），使人联想到诗人从这两种耕作风景中感受到的清新明快、悠然自得。

此外，农业生产工具及配套设施也是文人吟诵的主要内容。如描述农业生产工具的"小雨初晴岁事新，一犁江上趁初春"（《田家即事》宋，利登）和"迎晨起饭牛，双驾耕东菑"（《田家即事》唐，储光羲）。描绘农田灌溉的"是时三月暮，遍野农桑起。里巷鸣春鸠，田园引流水"（《结定襄郡狱效陶体》唐，崔颢）和"桔槔打水声嘎嘎，紫芋白薤肥濛濛"（《怀邻叟》唐，贯休）。

得益于我国传统农业生产活动的延续性，乡村文化景观得以传承和持续发展，

图1-2 千里江山图——（北宋）王希孟

（图片来源：故宫博物院官网，可参见 https://www.dpm.org.cn/collection/paint/228354，引用时间为2023年）

为我们了解传统生产方式和地域风景提供了窗口。

## 1.2 乡村文化景观的发展

### 1.2.1 发展历程

德国地理学家施吕特尔在1906年提出文化景观与自然景观的区别，要求把文化景观当作从自然景观演化而来的现象进行研究。20世纪20年代，美国加利福尼亚大学索尔教授首次明确定义了文化景观,即"附加在自然景观上的人类活动形态"。这一系列的理论创新为之后的乡村文化景观研究奠定了基础。

在文化遗产领域,1962年联合国教科文组织(UNESCO)发表的《关于保护景观和遗址的风貌与特性[1]的建议》中提出保护景观和遗址的风貌与特征的建议。

此后,从1964年的《国际古迹遗址保护与修复宪章》(简称《威尼斯宪章》)开始,陆续有国际组织对"文化与自然"相关遗产进行研究,如1972年联合国教科文组织的《保护世界文化和自然遗产公约》,1981年国际古迹遗址理事会——国际风景园林师联合会(ICOMOS-IFLA)的《关于历史园林的佛罗伦萨宪章》,1987年国际古迹遗址理事会(ICOMOS)的《保护历史城镇与城区宪章》(简称《华盛顿宪章》)等。

1992年联合国教科文组织世界遗产中心(UNESCO-WHC)在《实施〈世界遗产公约〉操作指南》中增加"文化景观"这一新的遗产类型,代表了自然与人类的共同作品,分为人类刻意设计及创造的景观、有机演进的景观与关联性文化景观三大类,后期人们在实践与研究中普遍将乡村文化景观归属为有机演进的景观中的持续性文化景观。2000年欧洲委员会(Council of Europe)的《欧洲风景公约》对于"景观"、"文化景观"展开了一系列说明,欧洲学者认为"文化景观是一种文化建构,而环境类型是文化的渊源,景观是文化的载体",乡村文化景观既是地域文化和自然资源的集合,又是历史产物,在研究乡村文化景观的时候应该跳脱出生态学范畴,进入历史维度,不应认为一旦历史性景观退化或被破坏则不再是"景观"。2002年联合国粮食及农业组织(FAO)启动"全球重要农业文化遗产"(GIAHS)项目,旨在为这些农业性质的文化遗产及其农业生物多样性、知识体系、食物和生计安全以及文化的国际认同、动态保护和适应性管理提供基础与平台。十年间,不同组织,不同国家和地区,对于"乡村"地区遗产的研究不断增多。

2003年的《欧洲乡村遗产观察指南》、2005年欧洲委员会的《关于文化遗产的社会价值公约》(法罗公约)、2005年东京的《关于神圣自然遗产地和文化景

---

1 此处"特性"应为"特征"。

观在生物和文化多样性保护中的作用的宣言》、2005 年的《关于加勒比文化景观的古巴圣地亚哥宣言》、2012 年的《拉丁美洲景观行动》、1999—2013 年国际古迹遗址理事会澳大利亚委员会不断完善改进的《关于保护具有文化意义的场所的宪章》（巴拉宪章）以及 2015 年国际风景园林师联合会（IFLA）的《亚太地区景观宪章》，都是与乡村文化景观相关的文件。还有一些针对性较强、与乡村文化景观相关的其他文件，如 2001 年匈牙利托卡伊的《关于葡萄园文化景观的世界遗产主题专家会议的建议》以及 2012 年西班牙巴埃萨的《关于农业遗产的宪章》等。

2013 年国际古迹遗址理事会 - 国际文化景观科学委员会（ICOMOS-ISSCL）启动"世界乡村景观计划"，对乡村文化景观的概念进行界定，进而探讨一些基本原则、方法论和操作指南；2014 年国际古迹遗址理事会 - 国际风景园林师联合会文化景观科学委员会（ICOMOS-IFLA ISSCL）的《关于乡村景观的米兰宣言》将乡村文化景观看作人类遗产的一种，得到了国际范围内的认可。

世界自然保护联盟（IUCN）在其管理体系中对第 V 类保护地（受保护的陆地景观和海洋景观）的识别，2008 年世界自然保护联盟提出《关于可持续畜牧业的全球倡议》，2016 年国际古迹遗址理事会 - 世界自然保护联盟联合倡议"文化 - 自然融合"以及人与环境之间使生物文化多样性得以可持续的互动方式（包括农业生物多样性，以及文化和精神价值）的重要性，从生态角度再次承认了乡村地区人与自然协同作用的重要性与独特人文价值。

在联合国教科文组织对"持续性文化景观"的定义基础上，联合国粮食及农业组织"全球重要农业文化遗产"、国际古迹遗址理事会 - 国际风景园林师联合会、世界自然保护联盟等国际组织与各国共同努力推动相关遗产的发展，国际古迹遗址理事会 - 国际风景园林师联合会综合各组织对于乡村范围内遗产的研究，对其进行了重新定义，2017 年正式通过《国际古迹遗址理事会 - 国际风景园林师联合会关于乡村景观遗产的准则》（以下简称《关于乡村景观遗产的准则》）。历经 50 余年的研究与发展，从"持续性文化景观"到"农业文化遗产"，再到"乡村景观"，三者相辅相成又相互独立，让世界各国、各地区对乡村地区的风景价值有了新的认知。

## 1.2.2 内涵解析

联合国教科文组织世界遗产中心对"持续性文化景观"的定义，在当今社会与传统的生活方式的密切交融中持续扮演着一种积极的社会角色，且演变过程仍在进行中。同时，它又是历史演变发展的物证；联合国粮食及农业组织"全球重要农业文化遗产"认为，"农业文化遗产"是农村与其所处环境长期协同进化和动态适应下所形成的独特的土地利用系统和农业景观，这种系统与景观具有丰富的生物多样性，而且可以满足当地社会经济与文化发展的需要，有利于促进区域可持续发展；国际古迹遗址理事会－国际风景园林师联合会认为，"乡村景观"是人与自然相互作用产生的，通过农业、畜牧业、渔业和水产养殖业、林业等活动而被用于生产食物和其他可再生自然资源的陆地区域和水域，且所有的乡村地区，无论是杰出的还是平常的、是传统的还是近期被现代化活动改造的，都可作为遗产来阅读；遗产就像重写本一样，可以以不同形式和程度被表达，并与很多历史时期相关联。三个国际组织都集中挖掘研究乡村中农业生态、生产、生活相关要素的遗产价值与整体价值，但又有着不同的认知，对比如下（表1-1）。

表1-1 国际古迹遗址理事会－国际风景园林师联合会、联合国教科文组织世界遗产中心、联合国粮食及农业组织"全球重要农业文化遗产"体系下"乡村文化景观"对比

| 组织 | 遗产核心 | 主要价值 | 人的定位 |
| --- | --- | --- | --- |
| 国际古迹遗址理事会－国际风景园林师联合会 | 承载人类生产生活，展现地理格局与人文精神的文化－自然融合系统 | 历史、人文 | ①组成要素<br>②主导者<br>③受益者 |
| 联合国教科文组织世界遗产中心 | 展现地域精神与文化的景观系统 | 历史、文化 | ①发掘者<br>②受益者 |
| 联合国粮食及农业组织"全球重要农业文化遗产" | 可持续发展的农业生态系统 | 农业、经济 | ①组成要素<br>②发掘者<br>③受益者 |

在乡村地区，联合国教科文组织世界遗产中心注重挖掘具有历史、文化价值的景观系统，人更像是遗产的发掘者与受益者；联合国粮食及农业组织"全球重要农业文化遗产"注重挖掘具有农业、经济价值的农业生态系统，而系统外部人员是遗产的发掘者与受益者，内部人员既是遗产的组成要素也是发掘者和受益者；国际古迹遗址理事会－国际风景园林师联合会注重挖掘具有历史、人文价值的人工自然协同系统，人的定位与联合国粮食及农业组织"全球重要农业文化遗产"相似，且主观能动性更强。国际古迹遗址理事会－国际风景园林师联合会对于乡村文化景观的研究使得对乡村地区的认知更加立体多维，融合前两者的研究重心，形成了要素丰富、空间多样、时间延续性更强的遗产类型。

从联合国教科文组织世界遗产中心《世界遗产名录》中分析可知，持续性文化景观的评选一般关注聚落文化、农耕遗址、农牧系统、种植系统、水利工程、土地系统和资源管理系统 7 类。联合国粮食及农业组织"全球重要农业文化遗产"在评选农业文化遗产时关注农业系统与土地系统。国际古迹遗址理事会－国际风景园林师联合会对乡村文化景观的评选更加宏观、细致，包括良好地区，退化、废弃但可再次利用的地区以及内部所有的要素。其评选系统是由精神、文化与自然要素组成的动态系统，涵盖联合国教科文组织世界遗产中心和联合国粮食及农业组织"全球重要农业文化遗产"的所有类型。同时，将乡村文化景观作为一个整体来进行评价。

2017 年国际古迹遗址理事会《关于乡村景观遗产的准则》将乡村景观定义为在人与自然之间的相互作用下形成的陆地及水生区域，通过农业、畜牧业、游牧业、渔业、水产业、林业、野生食物采集、狩猎和其他资源开采（如盐），生产食物和其他可再生自然资源。乡村文化景观不是某一类要素或多个要素的遗产价值体现，它包含所有承载人类生产生活的区域范围，呈现出区域内所有已发生或可能发生的自然、人类行为，承认乡村文化景观因地域文化、社会经济等发展变化而产生的叠加效应、部分更新或完全变化，关注着所有要素与人类一同发展过程中积累（或消失）的价值。

乡村文化景观是变化着的动态系统。胡牧（2019）指出，每一个传统景观都表达了一种独特的意义或场所精神，定义了它的身份。乡村文化景观经历了三个发展阶段，分别是形成稳定的乡村居住与农业生产系统、水利工程优化和新的农耕技术的应用、宜居的乡村人居环境营建。第一阶段，农业生产水平在很大程度上受到人口数量的制约，自然条件与劳动力数量对农业产出状况影响十分突出。乡村文化景观在这一时期萌芽、发展，形成了农业生产系统与居民生活空间共同发展的基础格局。第二阶段，人们为提高农产品产量，将先进生产技术运用于农业生产实践，这一过程中对传统农业生产系统进行了大规模改造，部分乡村风貌发生明显变化，传统空间、结构、材料、技术受到了全方位的挑战。第三阶段，人们开始关注乡村文化景观审美品质和舒适人居环境的营造，部分乡村文化景观成为乡村旅游的吸引点，具有地方价值或突出共同价值的乡村文化景观被列入文化遗产保护名录，成为典型的乡村人居环境的范例。

乡村文化景观是人地相互作用下的复合系统。首先，人与自然环境的相互作用是推动乡村文化景观发展变化的基础动力。乡村文化景观伴随着当地人的生产生活活动而生，也伴随着当地人生产生活活动的变迁而变迁，具有历史悠久性和延展性。其次，各种元素交织作用，促成乡村文化景观演变机制的复杂性。乡村文化景观包含以聚居为核心的传统生活空间、以农田为主体的农业生产空间、与自然环境相联系的生态空间等物质空间，以及伴随以上空间所产生的传统生产技术、知识、风俗等非物质系统。最后，具有自我调整与恢复能力。随着时间的推移，很多乡村系统都证明了自身的可持续性和恢复能力。

## 1.3 乡村文化景观的类型与构成要素

### 1.3.1 乡村文化景观的类型

我国幅员辽阔，乡村历史记忆悠久、文化积淀深厚，不同地理环境和人文背景下孕育了大量具有独特性的乡村景观。乡村文化景观概念的提出，使得人们在保护乡村物质形态遗存的同时，也开始重新审视地方性传统景观的意义。不同学科对乡村文化景观的研究范畴不同，也产生了各自不同的分类方法。生态学常以地域分异规律、生态系统关联原理等为划分指导，认为相同的景观类型具有相同的气候条件、地貌和地质条件、土壤和水文条件、植被类型和土地利用方式、空间形态特征，具有相近的形成发展历史。人文地理学的分类从地理学界的研究角度出发，认为乡村文化景观划分的核心要素是乡村聚落和土地利用方式。

乡村文化景观是乡村地区人与自然通过农业生产活动进行互动而产生的物质与非物质内容相结合的综合体，具有地域性、历史性、文化性和活态性等特征，往往蕴含着独特的生存智慧和特殊的空间形式，传达着特定的乡村精神文化。因此，乡村文化景观的分类除了考虑地理条件与生态环境、景观特征与功能关系，空间分异与要素组合，还要能够反映出影响乡村文化景观形成和发展的主导因子，即突出人类活动对景观演化的影响和决定作用。乡村文化景观见证、传承了乡村人类活动的历史、文脉等信息，体现了一个地区的人文地理特征。要守护乡村文化景观的文脉，促进城乡协调发展，需要深入理解中国乡村的乡土本位。在我国，乡村不仅仅是农业的生产之地，更代表着一种生活方式，一种与城市完全不同的生态环境与文化氛围。费孝通先生早在半个多世纪前就使用"乡土"一词概括整个中华文明演进的特点，剖析了中国乡土社会的结构与本色。中国乡土社会结构有其自身的特色，我们可以从差序格局的社会结构特征中理解乡村文化景观，探讨传统村落文化及其空间演变的系统性特征，来挖掘乡村文化景观的内涵和意义，兼顾乡村文化景观的物质属性及社会属性的深层互动，最大限度保护乡村文化景观的完整性与真实性，从而实现乡村地脉和文脉的延续与发展。

随着城乡融合发展的推进，乡村文化景观承载了国土空间规划中"三生空间"的诸多内容，结合乡村文化景观的功能和效益，可分为生产型乡村文化景观、生态型乡村文化景观和生活型乡村文化景观三类。生产型乡村文化景观是以生产为主导，长期以来由农业生产与自然环境相互融合形成的特色风貌，包含农业生产用地和与农业生产相关的水利等配套设施，是以提供农产品为主要功能的空间类型。因农业生产方式的不同，还可分为农耕型和放牧型。生产型乡村文化景观的保护重点为如何在保证农产品产量和质量的前提下尽可能保留原有的农耕风貌。生态型乡村文化景观是受人类干预相对较少、植被群落以自然演替为主、较大程度保持了自然生态系统原真性的乡土风景，以提供生态产品、服务为主要功能的空间，位于我国国家公园和保护地中的社区多属于此类乡村文化景观。一般而言，此类乡村文化景观应尽可能尊重原生生态系统，将人类干预控制在有限的范围内，强调最小人工干预下的人地互动关系。生活型乡村文化景观则是指乡村中的传统民居、历史建筑、人文景观非常丰富，有独特的人类营建活动，形成了具有地方价值的聚落、道路、排水系统等基础设施。这三类乡村文化景观相辅相成，不仅服务于居民生活，更是对自然生态系统的维护起到了重要作用。乡村文化景观面临着传统风貌保护和可持续利用的协调问题，如何在继承传统智慧的基础上进行创造性转化和创新性发展是其可持续发展的重点。

## 1.3.2　乡村文化景观的构成要素

传统意义上的中国乡村，自有其社会秩序与格局。人们对于乡村的社会属性和中国乡土社会的研究已经相当深入，费孝通先生提出的"乡土"等概念已成为学术话语的核心，"乡土中国"实际是一系列以礼、宗亲血缘为基础的"乡土社区"的集合。吴文藻认为，社区乃是一地人民实际生活的具体表词，有实质的基础，是可以观察到的。社区至少包括三个要素：人民、人民所居处的地域、人民生活的方式或文化。乡土社区是一定区域内社会共同体所反映出来的关于人的行为模式、思维方式、价值观念、精神信仰、社会习俗、历史传统、地方语言、地域形态的乡村综合体。地缘和心理上的归属感、认同感是其中最重要的元素。乡村是一个互助合作、自我调解、高度自治的生活系统，具有满足居民经济、政治、文化、情感等各种需要的综合功能，这些构成了乡村的文化维系力，也是乡村文化景观的重要内驱力。

乡村中的基本社会单位是家，家庭中的成员通过不同劳动和责任分工共同生活。传统的乡土空间是处于"差序格局"特征下的社会结构，往往建立在固定的人际关系和土地之上。乡村社会结构和共同生活的特点，影响到劳动生产、分配、交易等体系，其影响甚至主导着乡村的空间格局。如费孝通先生在《江村经济》一书中描述的南方乡村江村，住宅区的规划是同村子的交通系统联系起来的。因为在这个地区，人们广泛使用船只进行载货运输，以沟通不同村庄和城镇的陆路。为了节省交通成本、行事便利，人们将房屋建筑选址在河道附近及沿岸，大小村庄应运而生。圩田区的屋舍多立在水渠的交汇处，大些的村子常建在河的岔口。其乡村土地分为庄稼用地及居住用地，住宅区仅占相当小的部分，在河的汇集处，房屋分散在四个圩的边缘，就决定了村子如棋盘格的基本规划布局和独特景观（图1-3）。正是"差序格局"的乡土逻辑，根本性地决定了整个乡土自组织机制系统中乡土空间的各元

图1-3 珠三角的桑基鱼塘

（图片来源：《中国国家地理》，2020年11期，忧子摄影，可参见 https://www.thepaper.cn/newsDetail_forward_13097941，引用时间为2023年）

素的关系，形成富有特色的地域景观，成为乡村社会环境与自然环境和谐相处的典范。

乡村文化景观是自然和文化共同作用的结果，传统文化和社会思想在其中起到了重要作用，村民们适应、改造自然，创造出具有地域文化特质的乡村文化景观。乡村文化景观按资源构成分为生态环境单元、社会环境单元、经济环境单元、文化环境单元，在每一单元内按照归属性和功能性可以进一步细分（表1-2）。

表1-2  乡村文化景观分类体系

| 大类 | 中类 | 小类 |
| --- | --- | --- |
| 乡村生态环境 | 水文环境 | 河道、水井、池塘、沟渠 |
|  | 地文环境 | 地质、土壤、地形地貌 |
|  | 生物环境 | 动物、植物 |
| 乡村社会环境 | 社会结构 | 宗族关系、家庭结构、人口结构、组织结构 |
|  | 空间结构 | 山水格局 |
|  |  | 土地利用系统 |
|  |  | 交通网络 |
|  |  | 入口空间 |
|  |  | 聚落布局 |
|  |  | 街巷系统 |
|  |  | 民居建筑、基础设施 |
| 乡村经济环境 | 农业生产环境 | 农田风光、林区风光、渔区风光、草场风光 |
|  | 其他产业环境 | 农庄、民宿、文创、商贸 |
| 乡村文化环境 | 民间文艺 | 戏曲、戏剧 |
|  |  | 舞蹈、表演艺术、文学艺术品 |
|  |  | 诗词、歌谣、谚语 |
|  | 传统技艺 | 民间工艺、农耕知识体系 |
|  | 风俗文化 | 礼仪仪式、道德风尚、婚嫁丧葬、时令节气 |
|  | 精神文化 | 宗教信仰、审美情趣、艺术风格、图腾 |
|  | 历史记忆 | 文物、史迹 |
|  |  | 历史人物、历史事件 |
|  |  | 神话传说、民间传说 |

### 1. 乡村生态环境

乡村生态环境总是呈现与自然和谐统一的风景面貌。中国地大物博，地形地貌多样，乡村中拥有的丰富的自然风景资源，主要由水文环境、地文环境和生物环境等自然要素综合构成，是农业生产和生态旅游的本底条件，反映了乡村文化景观的自然地理条件和资源禀赋。流淌不息的乡间小溪，隐匿田间的水渠，池塘中游弋跳跃的鱼儿，山上苍翠葱郁的树林，自然起伏的地形，都是乡村宝贵的生态环境资源。

### 2. 乡村社会环境

乡村社会环境是友善、亲密的环境。乡村是中国最广泛和最重要的人类聚居地。乡村社会是安土重迁的，祖祖辈辈的村民们生于斯、长于斯，吸取着前辈的经验，延绵子孙后代，具有历史传承性。乡村社会环境往往和社会结构、空间结构密不可分。集镇和村落入口、民居建筑、基础设施、土地利用系统、街巷系统、交通网络、聚落布局、山水格局等元素构成了完整的乡村空间环境，体现了乡村人的精神凝聚，也体现了乡村文化一致的价值认同，都是乡村地域文化景观的重要构成要素。

以安徽宏村为例，整个宏村仿"牛"形布局。600多年前，宏村汪氏祖先带着村民利用地势落差，引水入村形成现在九曲十弯的水圳，水流经各家各户，穿堂过屋，经过月沼，最后注入南湖。每天早上8点之前，"牛肠"里的水为饮用之水，8点之后，村民可以进行洗涤，这是人类巧用自然资源的智慧结晶，也构成了宏村独特的乡村文化景观风貌（图1-4）。

### 3. 乡村经济环境

乡村经济环境由农业生产环境和其他产业环境构成。农业生产环境属于人工经营的结果，是村民们在尊重土地的前提下，不断调适和管理土地形成的，是与自然协同发展形成的耦合系统，反映了人类与自然长期的互惠共存。农业生产环境是不同土地利用类型、农业地域组织、农业发展水平与发展阶段的最直接表现。作物生长的农田风光、郁郁葱葱的林区风光、鱼虾满仓的渔区风光、牛羊成群的草场风光，

图 1-4　黟县宏村

（图片来源：《中国质量报》，刘军喜摄影，可参见 http://zgzlb.183read.cc/art.html?id=691810&p=138089475&mid=2529275，引用时间为 2023 年）

用于农业生产的农田设施和灌溉系统等，以及农业播种、收割、采摘、晾晒、加工制作等生产活动，一同构成了乡村农业生产环境。

不同时代的农业生产景观表现出不同的特征。传统的农业生产景观以人工生产为主，以小范围简单的生产工具耕作为辅，非机械化的生产呈现出精耕细作的特点，形成了传统农耕生产景观分散的特征。随着现代农业的进步，规则的、大斑块的、计划性更强的土地利用形式决定了农业生产景观的新风貌。地理条件的差异也导致了乡村农业生产景观的不同，成为乡土气息的直观体现。随着农业结构、技术、生产条件、生产方式以及生产水平等农业活动构成的改变，现代农业的内涵不断延伸，农业生产景观不仅限于农田生产范围内，还包括农产品的粗加工、运输和销售环节。现代科学技术的发展使得农业生产方式不断更新，作物种植技术、品种开发、灌溉方式、加工流程以及农产品的市场化组织、管理与销售等众多环节共同构成现代乡村的农业生产环境。

### 4. 乡村文化环境

自然地理条件、气候条件、人文历史禀赋的差异形成不同的乡村文化环境。乡村文化环境涵盖民间文艺、传统技艺、风俗文化、精神文化、历史记忆，集中反映乡村的生活风貌和民族特质，是某一乡村地域内传统思想文化、观念形态的表征，是乡村文化景观中不可忽视的元素。

越封闭的地方往往乡村文化环境特色越鲜明，其主要构成有民间文艺（戏曲、戏剧、舞蹈、表演艺术等）；传统技艺（民间工艺等）；风俗文化（包括礼仪仪式、道德风尚、婚嫁丧葬、时令节气，一般具有较强的传承性，发扬和创新其精华内容可以增加当地居民的收入）；精神文化（指的是受自然资源禀赋和历史底蕴影响的地域思想文化，包括各地不同的宗教信仰、审美情趣、艺术风格、图腾等）；历史记忆（包括在历史发展进程中重要的文物、史迹，也有具有历史内涵的重要历史事件或历史人物记载，神话传说、民间传说等）。

需要注意的是，乡村文化景观是精神与物质高度合一的有机体，其生态环境、经济环境、社会环境、文化环境之间有着内在的联系，常常相互影响、相互渗透。在实际乡村文化景观中，不可将其机械地拆解，否则可能无法深刻解析、充分理解乡村文化景观。

## 1.4 全球乡村文化景观的特征

随着城镇化和农业现代化的不断推进，乡村地区的衰落和人口流失问题愈发突出，对现代化建设与现代农业所带来的一系列问题的反思浪潮兴起。在全球视野下，关于乡村景观（rural landscape）最早的研究出现在欧洲地区，主要包括乡村文化景观规划、改造更新和景观保护等。部分国家制定了相关的法律、法规和政策。20世纪60年代后，经济的复苏与汽车的普及加速了城镇扩张，大量城镇人口开始向乡村地区流动，极大地促进了乡村基础设施的建设与发展。20世纪90年代后，人们普遍意识到抛弃传统乡村文化的现代化乡村文化景观建设的不良后果，越来越多的学者、国际组织、国家及地区都展现出了对乡村文化景观的重视，并展开了大量的实践和理论的探索。受气候带与地形地貌的影响，乡村文化景观呈现出不同的特征，具有一定的地域特殊性，其发展历程也受国家、地区等自身多方面因素的影响而存在差异。

## 1.4.1 亚洲乡村文化景观

亚洲面积大、气候复杂多样，大陆性气候分布广，季风特征明显。亚洲的乡村文化景观在城镇化过程中对国土风貌的塑造起到了重要的作用，集农业生产、风貌保护、乡村旅游于一体，既具备土地的农业生态价值，也继承了乡村文化的基因，还在集中高效发展土地效益的过程中有着自身独特的表现，满足了多维度的综合发展。亚洲的乡村文化景观以中国、日本、印度和韩国这四个国家最为典型。

农耕文明是中华文明的重要组成部分，长江流域的河姆渡文化遗址和黄河流域的裴李岗文化遗址表明，在七八千年以前，我国两河流域的先民们就已经创造了灿烂的农耕文化，形成了别具一格的乡土风貌。在乡村文化景观的演变过程中，为了适应不同的气候和自然地理条件，农业景观呈现出多元特色，如新疆吐鲁番坎儿井农业系统、云南红河哈尼稻作梯田系统（图1-5）、浙江湖州桑基鱼塘系统和内蒙古敖汉旱作农业系统等。基于农耕生产需求，形成了林-水-田-寨四素同构的山地乡土风貌、陂渠灌田的丘陵台地乡土风貌和水田交错的平原圩垸风貌。中国的乡村文化景观是具有地域特色和生态文明内涵的文化遗产类型，是生态、生产、生活空间高度融合发展的人居环境空间。

日本的乡村建设经历了三个阶段：第一阶段是在第二次世界大战后的首次"新

图1-5 哈尼梯田

（图片来源：联合国教科文组织世界遗产中心官网，可参见 https://whc.unesco.org/uploads/thumbs/site_1111_0012-1000-667-20130620151033.jpg，引用时间为2023年）

农村建设"；第二阶段以日本政府在1967年起草编写并制定的《经济社会发展计划》拉开序幕，此阶段主要目标是实现经济文化产业平衡发展、乡村生活空间质量提升和生态环境改善等；第三阶段是在20世纪70年代末开始的第三次"新农村建设"，又被称为"造村运动"，以彻底有效地改变乡村自然物质和文化精神面貌，实现乡村可持续发展为目标，此阶段重点关注基础服务设施的建设、生态环境的持续改善、传统建筑的保护和专业人才技术的培养等多方面。1979年平松守彦提出的"一村一品"被认为是"造村运动"的一个重要思想产物。主要做法有：①开发特色农产品，建设特色产业基地；②开拓农产品市场；③开设讲习班，培养乡村人才；④创新融资制度，为农民提供低息贷款；⑤挖掘地方特色文化并开展活动，促进乡村文化建设。如建立以九重町、钱津江村等为代表的牧牛产业基地，营建出大量优美的田园牧场景观。此外，日本还开展了"美丽乡村景观竞赛"等乡村建设活动，并采取了一系列措施，如保护传统民居、设立生态博物馆、传播地方文化、开发旅游业和农业等，为实现乡村经济可持续发展战略目标打下了坚实的基础（图1-6）。

印度作为农业大国，国土空间范围内耕地面积占比较大。受印度洋上的季风影响，印度每年的降水主要集中在6—9月，而其他时间降水较少，从而形成了诸多旱作农业景观。除降水的时空与地理差异外，印度的地形地貌也对其农业产生了重大影响。在高原和沙漠地带，农业发展对水资源的依赖程度更高。因此，受降水分布不均以及地形地貌的影响，印度发展了多种灌溉方式以促进农业发展。印度境内河流众多，最主要的河流是恒河，其次是布拉马普特拉河、戈达瓦里河、讷尔默达河等，在干旱半干旱地区采取农业流域发展计划，依托自然水网进行农业灌溉，

图1-6 日本乡村文化景观

（图片来源：https://www.goodfreephotos.com/japan/other-japan，引用时间为2023年）

带动乡村发展。

20世纪70年代，韩国在全国范围内开展"新村运动"，这是韩国在乡村建设方面迈出的第一步，也是韩国农村建设史上的一座里程碑。"新村运动"开展的过程可以分为五个阶段。1970年到1973年为起始阶段，这一阶段乡村面貌、乡村基础设施等发生了很大的改变，农民的精神得到了鼓舞；1974年到1976年为拓展阶段，农民收入得到了大幅度的提升；1977年到1979年为深化阶段，这一阶段重点在于乡村文化建设，城乡差距逐步缩小；1980年到1988年为乡村组织自发建设阶段，这一阶段农民收入继续大幅度提升，收入水平接近城市居民；1988年以后为乡村创新建设阶段，这一阶段重点在于提高乡村的自组织化程度，把农民培养成为新农村建设的主体。全国范围内的"新村运动"之后，一些地方政府也陆续开展了乡村建设方面的活动。1998年，江原道地区开展了"新农渔村建设活动"，2007年全罗南道地区开展了"幸福乡村营建活动"，其他很多地区也开展了类似的乡村建设活动。第一轮的乡村建设活动主要是在基础设施方面进行改善，围绕最基本的生活设施和公共设施等开展。第二轮的乡村建设活动则注入了更多的文化建设内涵，在改善环境的同时，更注重精神文化建设，提倡勤勉、自助、团结及奉献（图1-7）。

## 1.4.2 欧洲乡村文化景观

欧洲平原面积广袤，主要有四种气候，分别是地中海气候、温带海洋性气候、温带大陆性气候、寒带气候，主要分布在地中海沿岸地区、西欧、东欧和北欧。热量与水分的分布具有纬度地带性的特点，因此景观的纬度地带性分异显著。独特的气候地理特征孕育了欧洲特有的乡村文化景观风貌。北欧森林面积广阔，尽管林区树种相对单调，但雨量充沛，林木生长茂密。林缘整齐的森林或树丛与柔缓变化的地表构成非常平和的自然景观。与此同时，大陆冰川曾覆盖整个北欧地区，冰川侵蚀与堆积地貌广布，湖泊众多，形成了独具特色的寒地乡村文化景观（图1-8）。西欧、中欧、东欧的乡村文化景观要素具有相似性，包括农田、草场、树林、水面、

图 1-7 韩国乡村文化景观

(图片来源:https://www.goodfreephotos.com/south-korea/other-south-korea,引用时间为 2023 年)

图 1-8 北欧寒地乡村文化景观

(图片来源:https://www.locationscout.net/sweden/44507-galtispuoda-arjeplog/107556,

引用时间为 2023 年)

社区内部的绿地和庭院内外的绿地在内的开放空间等。乡村社区空间布局形式相对集中，每个乡村社区都有明确的绿色边界。这与北美和大洋洲乡村社区分散的空间布局形式和无边界可寻的状态正好相反。

20世纪，欧洲各国开始对乡村文化景观展开研究。欧洲的乡村规划是在乡村的基础设施条件及环境承载力的基础上进行的约束性规划。由于乡村文化景观的建设与实践，各国均出现了不同程度的生态环境破坏活动。这一时期重点集中于出台乡村建设方面的法律或进行实践研究。

英国是欧洲乡村文化景观建设和发展的典范。英国乡村文化景观是以文化为积淀力的综合田园景观。英国的乡村文化景观发展历史悠久，可以大致分为原始的乡村文化景观时期、开敞式和田地式景观时期、庄园景观时期及多元化乡村时期四个时期，呈现出"田园化—反田园化—后田园化"的发展特征，并最终完成了从传统乡村景观向现代化田园景观及后现代田园景观的转变过程（图1-9）。伴随着乡村

图1-9 英国乡村文化景观

（图片来源：https://www.veer.com/photo/120084492.html，引用时间为2023年）

文化景观的层积，英国设立了许多中央级别的乡村文化景观管护机构，其中"乡村委员会"的保护作用最为突出。1997年，由英国乡村委员会、遗产署和自然保护局共同推动促成的一项全国性整体保护计划将英国乡村按照其特点划分为自然区和生产区，增强了乡村的历史文化认同感和归属感，促进了英国乡村文化景观的保护。从英国乡村文化景观的发展可以看出，英国乡村文化景观是在不同政策下乡村生产、生活状态演变的过程，但各个时期政府关于乡村的法律法规都是以保护乡村文化景观为目的的，保留了乡村的历史发展痕迹，催生了不同的乡村文化景观形式，并得到了良好的延伸。

德国乡村文化景观（图1-10）是以生态系统构建为主的复合型乡村文化景观，最大特色是生态环境优良，没有绝对意义上的乡村与城市。受到战争因素的影响，德国的乡村演变脉络主要从第二次世界大战后开始梳理。第一阶段是德国乡村的"逆城镇化"阶段，时间段为20世纪60年代至20世纪70年代。在1955年德国第

图1-10　德国乡村文化景观

（图片来源：https://www.locationscout.net/germany/40275-burg-lichtenberg/96476，引用时间为2023年）

一部切实针对乡村更新的法律《联邦土地整理法》颁布后，德国政府开始意识到乡村文化景观的价值，注重历史文化保护，在继承传统的基础上提出了"乡村更新"计划。在此阶段德国乡村的生态处于恢复过程中，乡村原有形态、自然环境、聚落形式和建筑风格开始按照各乡村的特色进行合理规划和建设，政府已经意识到污染带来的生态环境影响，并逐渐由乡村现代化向生态化转变。第二阶段是德国乡村现代化建设阶段，时间段为20世纪70年代至20世纪80年代。20世纪70年代，受环境保护运动影响，德国在各联邦推行"乡村更新"计划，提倡保留乡村文化景观的独特性。第三阶段是德国乡村由现代化转向生态化的阶段，时间段为20世纪90年代至今。20世纪90年代后，"乡村更新"中加入了可持续发展的观念，乡村空间得以不断拓展。纵观德国乡村文化景观这几十年来的发展，第二次世界大战后德国的乡村发展与转型经历了逆城镇化、农村现代化和农村生态化三个阶段，形成了在联邦、地区、城市、社区多层次间联动的各州规划体系，在城市和乡村地区实现了保护与管理的全域覆盖。

荷兰乡村以农业机械化发展为代表，对乡村文化景观的研究主要偏向于土地整理和乡村文化景观规划两个方面。从早期的土地整理到第二次世界大战后的农业主导规划，逐渐转变为多目标的综合性乡村文化景观规划。荷兰出台的有关土地整理和规划法案对荷兰乡村文化景观变化产生了重要影响。1947年正式颁布的《瓦赫伦岛土地整理法》被普遍认为是荷兰土地改革发展历史上的一个重要转折点，将简单的土地资源分配转向更为复杂的土地发展计划，将乡村规划发展视为土地有效使用、生态发展和景观品质提升的复杂过程。20世纪80年代，荷兰政府又陆续颁布了《乡村发展的布局安排》《自然和景观保护法》《户外娱乐法》《土地开发法》等，荷兰乡村规划转向与生态环境保护息息相关。总体而言，随着对环境和自然保护的关注，农业生产不再是荷兰乡村规划的主要目的，非农化的多种土地利用方式得到重视，从以土地整理为主的规划方式转变为以综合性土地开发为主的规划方式（图1-11）。

图 1-11　荷兰乡村文化景观

（图片来源：https://www.locationscout.net/netherlands/1655-cheese-farm-de-haal-at-zaanse-schans-zaandam/18491，引用时间为 2023 年）

## 1.4.3　美洲乡村文化景观

美洲是北美洲与南美洲的合称。北美洲东部为山地和高原，中部为平原。北美洲西部以大约北纬 40°为界，以南地区为地中海气候，以北地区为温带海洋性气候，这两种气候类型的分布都呈条带状。盛行西风带受到山脉抬升的影响明显，所以北美洲的温带海洋性气候区降水量十分丰富。美洲广阔的地域面积呈现出多样的地形地貌与气候类型，形成了多样的景观类型。美洲乡村文化景观（图 1-12）具有乡村聚落空间分布稀疏的特点，人们为了更方便地饲养牲畜，从而形成了住所一侧为屋、一侧为畜棚的特殊形式。

图1-12 美洲乡村文化景观

（图片来源：https://pxhere.com/zh/photo/706396，引用时间为2023年）

19世纪初，美洲人口不断增加，城市中心过度拥挤，导致许多中产阶级向城市郊区迁移，推动了乡村的发展。其中美国小城镇建设带动乡村发展最为突出。美国乡村发展大致可以分为四个阶段。初始发展阶段为19世纪中期。19世纪中期至20世纪20年代，面对越来越多的农耕土地，美国引进欧洲的先进技术和设备，城镇化进程随之加快。20世纪30年代至60年代为加速发展阶段。第二次世界大战结束后，美国城乡差距日益明显，以美国中北部为典型代表，陆续出现农业规模减小、乡村人口持续减少、传统乡村文化景观风貌改变等趋势。美国采用凯恩斯主义，采取了一系列综合措施。一方面加速农村基础设施建设，以增加有效需求；另一方面对农产品实行价格管制，利用土地休耕、价格保护等措施促进农业增收。20世纪70年代至80年代为法治化阶段。20世纪70年代，美国完成了战后经济社会的恢复建设后，乡村发展出现了重大转折：农村非农化速度加快，人口外流加速，老龄化问题日渐突出。为了应对这种新的局面,国会频频立法,出台相关政策全面支持乡村发展。1972年的《农村发展法》、1973年的《农业与消费者保护法》、1977年的《食品与农业法》等接连出台,关注领域涉及基础设施建设、信贷消费和粮食安全等多个方面。1980年,美国出台了《农村发展政策法》,赋予农业部更多职能,乡村发展的相关法案开始关注教育培训、住房、灾害救助等。美国乡村发展政策关注的领域越来越广,相关法律制度日趋完善。20世纪90年代至今,美国乡村得到了前所未有的发展机遇,在粮食产出、资源利用、环境保护以及应对气候变化等方面进展明显。

## 1.4.4 非洲乡村文化景观

非洲以热带气候类型为主,呈现出赤道南北对称性分布。北非以热带沙漠气候为主,在热带沙漠气候的南北两侧,形成了地中海气候,而撒哈拉以南的非洲以热带草原和热带雨林气候为主。全非洲的陆地总面积中,森林约占五分之一,林木区、灌木丛林、草场和其他丛林等约占五分之二,余下的为沙漠及其延伸出去的边沿地带。农业是非洲人民最大的生计和就业来源。非洲地区的乡村文化景观(图1-13)较多保留为较为原始的村落,灌区农业是非洲重要的乡村文化景观类型。灌区不仅本身拥有较好的农业生产条件和相对便利的对外交通,而且具有相对较好的基础设施,形成了相对完整的产业体系,是非洲农业开发的重点方向。

萨赫勒地区位于非洲干旱与半干旱、热带沙漠与热带草原气候的过渡地带,地形大多是波状起伏的高原,年平均气温27 ℃左右,这个区域的人们以自给自足的游牧业为主要的经济生活方式。在萨赫勒等干旱地带的非洲农民们最了解水的价值,也延续了传统的节水灌溉技术。"塔萨"是非洲传统的灌溉方法,其操作方式是通过挖掘20～30厘米宽、20～30厘米深且保持间距为90厘米的坑洞,来进行节水灌溉种植(图1-14)。挖好坑洞后,把植被或作物放在洞里,随后在田地四周修筑小型水坝,集中进行水和肥料的施作,恢复退化的旱地肥力以全部供养植被。

图 1-13　非洲埃塞俄比亚乡村文化景观

(图片来源：http://www.lu-xu.com/yule/1691686.html，引用时间为 2023 年)

图 1-14　萨赫勒地区"塔萨"灌溉方法

(图片来源：http://abovecapricorn.blogspot.com/2013/04/sustainable-intensification-can-work.html，引用时间为 2023 年)

这种节水灌溉方法非常讲究时令，因此，非洲农民需要掌握一些本土的气候知识，还需要了解简单的地形勘测、病虫害处理等技术。这种节水灌溉的方法已使用几个世纪。20世纪80年代早期，布基纳法索的农民们通过反思本国节水灌溉的传统，进一步在坑洞中加入肥料进行堆肥，为洞中植物提供营养。近年来，在农业和粮食安全、扶贫、适应气候变化和生态系统保护方面，非洲对乡村文化景观的投资有所增加。许多非洲国家开始更加重视农业和乡村土地利用，围绕这一转变，越来越多的讨论将乡村文化景观的保护与传承视为粮食安全、能源生产、经济发展、生态系统保护和气候变化等相关挑战的应对途径。

### 1.4.5　大洋洲乡村文化景观

澳大利亚是大洋洲面积最大的国家，其乡村文化景观管护特色也极具典型性。澳大利亚乡村文化景观保护和发展始终受到人们对自然与文化关系的认知进程的影响，其显著特征是基于对原住民土地管理的认识。而在此基础上进行的乡村文化景观建设与发展活动，同样也因认知进程的影响而具有阶段性。随着欧洲殖民者的到来以及他们对大洋洲大陆的景观趣味的不断变化，澳大利亚这片古老的土地在过去的200多年中发生了巨变。在19世纪"丛林诗人"和小说家的风景作品中，诗歌与绘画以及其中新的风景描绘，成为认知澳大利亚本土景观价值的重要途径之一。这种意识的缓慢觉醒对景观保护运动起到了重要的推进作用，但随后对景观实用性的偏好又导致了对森林、水、土壤的片面保护，而忽视了土地审美与精神价值。

1815年后，殖民者的畜牧业遍布草原和水道，占领了整个澳大利亚的乡村地区。到1860年，在经历了仅仅几十年的欧式农耕后，澳大利亚的整体景观已受到了重大冲击与影响。19世纪五六十年代的淘金热给澳大利亚带来了人口和土地定居法的巨大变化。小型农场，加之为农场社区服务的零星小镇，成为乡村的理想模式。澳大利亚殖民者给荒野和自然赋予了高于文化的价值，美国模式在澳大利亚风行。1915年，风景保护委员会（Scenery Preservation Board）在塔斯马尼亚成立，是澳大利亚第一个专门为公园和保护区管理设立的机构。

1990年以来,澳大利亚的种植园迅速扩张,种植园主要建立在以前用于放牧等传统农业生产的乡村土地上,从传统的乡村土地使用转向非传统的乡村土地使用。1993年,联邦政府通过《原住民土地权法》,确认原住民拥有欧洲殖民者占领前的土地和水域,有些还未被破坏,幸免于难。在保护农牧景观区的生物多样性方面,位于私有土地上的保护区发挥着重要作用。澳大利亚森林资源丰富多样,大部分森林资源都由私人管理。在更广泛的风景资源保护领域,私人的努力多聚焦于栖息地的生态修复,私人可通过国家遗产信托基金,参与澳大利亚政府资助项目,如"土地关爱"(Landcare)。以环境修复为目的的植被恢复计划,主要应对过度开垦而导致的土地退化,对澳大利亚当代风景资源保护有着重要影响。澳大利亚的乡村集聚模式在内陆逐渐消失,只有沿海地区的乡村聚落仍在以此模式生长(图1-15)。

图1-15 澳大利亚乡村文化景观

(图片来源:https://www.meipian.cn/2t7eykos,引用时间为2023年)

当前的乡村行动集中在永久地产的保护性回购，考虑环境流量来分配水资源以修复河流水系，在土壤条件优越、基础设施完善和经济价格稳定的地区进行集约化生产，这些行动使得某些地域性风景正在发生快速的变化。

全球对于乡村文化景观研究的关注点既有共性也存在地域差异，早期的研究焦点多在生态保护体系的构建以及生物多样性的保护，随后逐渐由理论研究转变为实践行动，通过设立乡村保护机构或开展乡村保护运动，保证其地区内的乡村文化景观得到较好的保护（表1-3）。基于上述内容，将从以下六个方面对全球乡村文化景观发展特色进行分类总结。

表1-3　全球乡村文化景观典型范式

| 区域 | 乡村文化景观概述 | 典型国家 | 特色 | 保护规划重点 |
| --- | --- | --- | --- | --- |
| 欧洲 | 平原面积广袤，景观的纬度地带性分异显著。北欧广布冰川侵蚀与堆积地貌，湖泊众多，属寒地乡村文化景观；西欧、中欧、东欧呈现社区分布集中，边界分明的乡村文化景观特色 | 英国 | 以文化为积淀力的综合田园景观 | 保留乡村的历史发展痕迹 |
| | | 德国 | 以生态为主的复合型乡村文化景观 | 乡村生态环境的保护和改善 |
| | | 荷兰 | 以综合性土地开发为主的乡村文化景观 | 土地的整理和乡村文化景观规划 |
| 美洲 | 美洲广阔的地域面积呈现出多样的地形地貌与气候类型，形成了多样的景观类型。乡村聚落空间分布稀疏，人们为了更方便地饲养牲畜，从而形成了住所一侧为屋、一侧为畜棚的特殊形式 | 美国 | 以社区规划为主的乡村文化景观 | 基础设施和法律法规发展、注重耕地保护 |
| 非洲 | 非洲地区的乡村文化景观较多保留为较为原始的村落，灌区农业是非洲重要的乡村文化景观类型 | 萨赫勒 | 节水灌区农业景观 | 重视农田水利设施建设，高效利用土地，提高作物产量 |

续表

| 区域 | 乡村文化景观概述 | 典型国家 | 特色 | 保护规划重点 |
|---|---|---|---|---|
| 亚洲 | 气候复杂多样，大陆性气候分布广，季风气候明显，孕育了各种不同类型的乡村文化景观 | 中国 | 自然-文化融合下的乡村文化景观 | 形成了适应农耕生产发展的多元特色乡土风貌，是生态、生产、生活空间高度融合发展的人居环境空间 |
| | | 日本 | 特色风貌保护下的乡村文化景观 | 各个地区以自身的资源环境优势为基础，以特色农业产品带动农村各项产业发展 |
| | | 印度 | 干旱条件下的农业耕作系统 | 依托自然水网进行农业灌溉，开展流域发展计划，带动乡村发展 |
| | | 韩国 | 以精神文化建设为主的乡村文化景观 | 乡村精神文化建设成为新农村建设的重要工作 |
| 大洋洲 | 大洋洲跨两个气候带，北部属于热带，南部属于温带。大洋洲中西部是荒无人烟的沙漠，孕育了开阔的乡村文化景观 | 澳大利亚 | 基于原住民土地管理的乡村文化景观 | 澳大利亚景观保护注重对原住民土地管理方式的传承，包括林火管理、季节轮作等方面 |

## 1. 重视乡村建设规划

乡村社区规划是政府推进的重要工作。在规划中要突出乡村特色，更加强调对自然资源、生态以及农业用地的保护。第二次世界大战后的德国在传统观念的影响下，高度重视乡村人居环境和乡村意象的整合，注重传统乡村文化景观风貌的恢复和保持。而在亚洲，韩国、日本基于本国国情，将生态理念与历史文化背景相融合，形成了有利于乡村生态旅游发展的新型景观格局，具有代表性的有传统乡村聚落群、有序的梯田、果园和人工草地等。

### 2. 关注乡村生态环境保护

在生态文明建设理念的引导下，各国都非常重视乡村生态环境和历史文化的保护，乡村休闲农业和康养活动的内涵日益丰富。各国通过建立农业环境保护支持政策体系，通过资源再生化和农业生产有机化等措施，在保障粮食安全生产的基础上推动乡村的可持续发展。

### 3. 加强立法和完善配套机制及政策

在高速工业化的过程中往往是以牺牲乡村环境为代价的，因此，各国及时推出了保护政策和条例以保护、治理和管理乡村环境和乡村文化景观。英国有完善的景观管理体系并细分为不同的地域适用范围，结合风景特质评价对国土景观特征进行分类与细化管理。美国的乡村保护政策则呈现出多层次的特点，形成了以立法为基础，行政措施为主，经济手段为辅的乡村管理政策体系。韩国和日本等国家都是先制定相应的政策法规以保证乡村建设有序进行。日本在《景观法》中针对乡村以及相关区域进行了政策规定，提升了乡村文化景观环境质量，保留和传承了一批乡村景观遗产。

### 4. 注重保护乡土风貌

德国提出以"乡村更新"推进西欧乡村"村落风貌保护"，通过更新传统建筑，改善村庄基础设施，协调村庄建设与自然生态环境，使其和谐统一。德国十分重视乡村的生态价值和社会文化价值。20世纪70年代席卷整个韩国的"新村运动"在很大程度上改善了农村地区的基础设施，提高了农民的生活水平，但是大规模开发和建设对于乡村传统的乡土风貌、地方特色、文化景观等造成了不同程度的影响。韩国政府随后制定了《景观基本法》与《农村景观规划树立基准》等相关法律政策，切实保护乡村特色景观，尤其是针对具有历史性、自然性、文化性的景观资源，直接给予补贴。日本的"造村运动"建设内容由最初的促进经济发展逐渐拓展至整个乡村生活层面，具体包括改善乡村文化景观与环境、进行基础设施建设、发展健康与福利事业、保护传统建筑等。

### 5. 实施多元融合发展战略

乡村文化景观是具有巨大开发利用价值的景观综合体。在欧盟，乡村多元发展战略包括鼓励发展乡村旅游、改造乡村人居环境以及鼓励农民开展多样化的非农活动等，以刺激乡村经济发展，提高乡村居民生活质量。各个国家针对本国特色，结合当地乡村文化景观发展适应性乡村旅游业，取得了卓越成效。日本将"绿色乡村旅游"模式与原有的温泉旅游相结合，让所有游客体验农村田园式的生活。美国地理面积广阔，乡村面积占比大，政府为促进乡村建设，不断推动城乡一体化建设。1947年以后，荷兰开始实行由发展单一农业向乡村综合开发建设的转型，具体措施包括：合理规划农业用地，发展乡村旅游业；发展绿色农业，提高自然环境景观质量；合理减少农田的碎片化，实现规模经营等。

### 6. 推行"多方合作"共建共管

以村民为主体多方合作的模式可以最大限度地反映村民的真实需求。共建共管模式重视个体行为和态度在乡村建设发展中的积极作用，注重满足村民自我发展的需求并激发村民自我发展的积极性，引导村民自我发展。乡村是典型的"自下而上"生成的有机演进的复杂综合体，各国通过强化以村民为主体的内驱型乡村建设模式，在乡村文化景观的可持续发展过程中发挥了重要作用。

## 1.5 国内外乡村文化景观比较研究

我国于1985年12月12日加入《保护世界文化和自然遗产公约》，成为缔约方，在进行世界遗产项目申报的工作过程中，也开始系统梳理我国风景遗产资源的独特性，对乡村文化景观开展了系统研究。各个学科也基于本学科理论与实践体系的特点，从考古学、地理学、生态学、社会学、管理学等不同角度对乡村文化景观的价值内涵与特质要素开展研究与保护实践。在此过程中，专家学者大都关注到乡村文化景观具有人类社会资源与自然资源交互作用的动态特征，并且将两者融合的属性作为研究的重点。随着社会和科技的不断发展，乡村文化景观面临着诸多生态与社会问题。如何在当代社会、经济与科技发展的背景下实现乡村文化景观可持续发展，成为乡村文化景观规划与建设的重要议题。下面将从四个方面横向比较国内外乡村文化景观发展的差异与相同之处，以期为未来我国乡村文化景观可持续发展建设提供建议。

在乡村文化景观规划方面，各国对于乡村文化景观规划的研究已经形成较为完整的体系，主要涉及生态环境研究、文化景观研究及景观中人的行为研究3个方面，在乡村文化景观的可持续发展等方面取得了重要成果。由于国情的差异，我国乡村文化景观规划的侧重点是在保证人口承载力的前提下同时要保护生态环境，注重保护集中连片的农田和自然植被群落，规划设计具有传统文化特色的乡村聚落景观等内容。

在乡村文化景观生态保护与修复方面，各国对于乡村文化景观的研究经过了关注生态到关注地域文化再到将两者平衡共同发展的过程。对于乡村文化景观保护的研究主要侧重于土地利用、城镇发展、单遗产要素与生态环境等方向。国内学者多以乡村地区土地利用、格局优化、生态系统建设以及景观功能等为研究重点，提出以设置生态控制线、设立文化遗产等方式来减少乡村文化景观生态基底受到的破坏。目前在乡村文化景观保护利用与经济发展协同关系的研究方面仍有待加强。因此，需要将生态保护与社会经济发展相结合并加以法律约束，才能实现更加科学地对乡村文化景观进行保护和可持续利用。

在乡村文化景观遗产保护方面，各国对于乡村文化景观的保护主要集中在对居民情感的挖掘与应用、传统建筑与景观的保护以及生态系统的保护。将乡村聚落的可持续发展与周边自然环境、社区、历史传统及本土文化的保护相关联。我国对乡村文化景观的保护从主要针对传统聚落空间、乡村经济与遗产的关联，到近年来关注乡村文化景观的可持续性整体保护，更加强调以保护促发展的系统观，积极探索如何构建区域文化景观的空间异质性格局、乡村文化景观的保护思路和对策以及协调旅游发展、历史环境保护和当地居民生活改善三者之间的关系。

在乡村文化风景特质评价与分类方面，英国提出的风景特质评价（Landscape Character Assessment，LCA）及历史风景特质描述（Historic Landscape Characterization，HLC）理论在国外已相对完善，并被应用到大量乡村文化景观保护与发展实践之中。国外众多学者根据乡村文化景观设计中的不同需求建立了不同的评价体系，根据不同的指标和分析研究为未来的乡村文化景观设计的方向提出建议。由于我国的地域及民族差异性，评价指标的选取尚不能完整、深入地刻画乡村文化景观空间，加之当前中国乡村文化景观研究依旧偏重于镇域、村域等中小尺度，缺乏同时面向国土、区域等大中尺度的乡村文化景观分类范式，无法对乡村文化景观特征空间类型进行精细的划分。现有学者多从城镇化水平、文化持续力、农业生产潜力、土地利用适宜性、土地破碎度、物种丰富度、自然恢复潜力、旅游潜力等角度设立乡村文化景观评价的指标体系。

## 1.6 乡村文化景观研究中的方法与技术

当前，在我国乡村文化景观研究领域中，呈现出以数据分析驱动乡村保护与发展的特点，已经在大数据分析、空间分析、乡村要素耦合模型等方面展开了大量研究和应用尝试。规划师、设计师开始依托多学科的方法与技术解决现阶段存在的主要乡村文化景观问题，并认为这是提高规划设计科学性的有效途径之一。

通过文献研究分析可知，1998—2010年我国有关乡村文化景观的研究主要涵盖乡村文化景观的概念及分类体系、乡村文化景观评价、乡村生态规划建设等内容。利用AHP层次分析法围绕乡村文化景观所展现的经济价值、社会价值、生态价值和美学价值对乡村文化景观进行综合评价，揭示现有乡村文化景观中存在的问题、确定未来发展的方向；基于多层次的乡村文化景观美感评价指标体系，可以提出模糊综合评判模型，进行乡村文化景观美感度评价；利用BIB—LCJ审美评判测量法可以进行风景审美评判测量。除此之外，GIS空间分析也大量应用于乡村文化景观研究之中，通过其强大的空间数据处理功能，能够系统分析各类环境因子及其复杂关系，从而提高乡村文化景观规划的科学性、准确性和合理性。

在2011—2022年，国家出台乡村振兴相关政策来积极推进农村现代化、建设社会主义新农村，我国乡村文化景观研究呈现出较强的实践性特征，在生态文明建设和乡村振兴宏观政策的指导下，以乡村范围内的规划设计研究为重点，着眼于人居环境改善和生活水平提升的总体目标。乡村文化景观特质识别、乡村文化景观管理政策、乡村文化景观运作机制相关研究逐步深入，乡村文化景观评价方法与技术进一步成熟。乡村文化景观评价包括历史保护价值评价、生态评价、风景资源评价及综合评价。其中，历史保护价值评价通过结合城市形态分析领域的空间句法技术，定量化分析传统村镇空间结构特征；GIS空间分析在乡村文化景观生态评价中运用广泛，利用GIS空间分析进行乡村绿道、生态廊道的规划工作，对乡村自然景观生态敏感性进行评价，精准识别与判断可利用的风景资源，维护流域地区乡村文化景观生态的相对稳定；将VR全景技术应用于乡村风景资源评价，利用VR全景技术对空间、场景高度还原仿真的特点，通过观测实验并进行打分，从而得出原始数据，对乡村文化景观视觉评价及景观要素偏好进行判断。除利用AHP结合其他分析法进行乡村文化景观整体评价外，生物文化多样性评价、GIS—ANN神经网络深度学习算法等也得到逐步应用。乡村文化景观特质识别方法不断更新、发展迅速。历史风景特质描述、历史土地利用评价（HLA）、风景特质评价、景观格局指数法以及目前流行的基于社会网络分析法的乡村空间关联特质识别，均能够科学与客观地提供景观评估、政策、策略、管理及规划设计等方面的技术支持。在乡村文化景观运作机制研究中，耦合协调度模型可以分析乡村文化景观格局演化过程；利用地理探测器模型、交互探测器模型、时空地理加权回归模型可以对乡村文化景观驱动机制进行判断。

乡村文化景观研究在未来发展中需要注重多学科方法的交叉与创新，将我国传统的乡村文化景观特质与内涵更好地、更立体地展示出来，强调其携带重要历史信息的特殊性，在空间中表达时间的沉积，在时间中探索空间的多元，最终形成可视化的数据集等多种形式的成果。因此，本书尝试关注乡村文化景观的时间与空间多维度特征，寻求在多尺度、多空间的物理性质下，探寻时间维度下的空间异质性，将乡村文化景观特质的空间性与特质发展的时间性贯穿起来，建立基于价值－特质－要素多层级的评价框架，结合我国乡村文化景观尺度多样、类型丰富的特性开展整体研究，推动乡村文化景观研究决策过程中自上而下与自下而上的结合，为土地利用和乡村文化景观规划提供更系统、更科学的决策依据，有效推动乡村绿色发展与品质提升。

# 2 乡村文化景观多元价值阐释方法

- 乡土情境与乡村文化景观价值阐释
- 乡村文化景观的多元价值体系
- 乡村文化景观的特质
- 基于价值-特质-要素的乡村文化景观保护框架

## 2.1 乡土情境与乡村文化景观价值阐释

在数千年人与自然的交互作用下，乡村地区形成了具有独特风景特质的乡村文化景观。它是人类社会、历史环境、自然环境和遗产遗迹的重要见证与组成部分，由聚落系统、农业系统、生态系统、社会系统、文化系统和知识系统等组成。

现阶段，世界各个国家、城市与地区都不同程度受到了城镇化、现代化的影响，这使得各乡村地区的传统生产生活方式不断地受到冲击，产生了一定的变化。乡村地区特有的文化景观特质也随之发生改变，传统知识系统、传统农业系统与土地利用方式等也逐渐变化或消失。基于以上现象，如何尊重和延续乡村地区的地脉和文脉，在国土空间层面识别乡村文化景观特质，保护好丰富的乡村文化景观遗产资源，促进城乡融合发展，是亟待解决的问题。乡村地区由于乡土环境不同、历史成因不同、社会结构不同、文化特质各异，形成了类型多样、风景多元、风俗各异的乡村文化景观。其与城市文化景观共同构建了多姿多彩的国土文化景观，彰显了国土空间的可识别性，这也是乡村文化景观作为活态遗产的价值核心所在。若要延续乡村文化景观的脉络，则需要理解乡村文化景观中的"变"与"不变"，准确判断乡村文化景观有机演进过程中变的方式和可变的程度，这是处理好乡村文化景观保护与发展之间矛盾的关键。

经过联合国教科文组织世界遗产中心、联合国粮食及农业组织"全球重要农业文化遗产"、国际古迹遗址理事会-国际风景园林师联合会和世界自然保护联盟等组织 70 余年的研究，与人类农业生产生活相关的遗产概念从"持续性文化景观"到"农业文化遗产"再到"乡村景观"，逐渐精细化、系统化，评价与管理方面逐渐地域化。乡村文化景观覆盖了人类在乡村地区应用的生产系统、生活系统和生态系统，为人类社会提供社会经济效益、文化支持和生态服务等。乡村文化景观中极为重要的构成分别是农田系统与水利系统，前者展现了乡村文化景观的核心要素，后者展现了乡村文化景观发展的技术条件。以农田水利系统为主的生产性景观是乡村文化景观的重要组成部分；聚落布局、传统民居建筑本体、街巷空间等能够体现人类对乡村土地进行主观性改造、利用的深度与广度，均属于乡村文化景观的重要内容。需要注意的是，当地居民群体也是乡村文化景观的重要组成部分，增强居民对乡村文化景观的认同感与参与感，可以更清晰地、客观地、全面地认知与阐释乡村文化景观的价值。

乡村文化景观丰富的内涵为其价值阐释带来了一定困难，但作为遗产保护工作的先行环节之一，价值阐释是明确遗产内在价值的必要过程，可以让公众了解遗产的意义，为相关研究提供重要的参考。我们只有对遗产的内在价值进行充分了解与深入分析后，才可能建立有效的保护体系，提出适宜的发展策略。现阶段，大多数研究对乡村文化景观价值的阐释，以描述自然资源本底价值、文化遗产社会经济价值、工程技术科学价值及非物质文化遗产价值等方面为主。而人们在乡村文化景观的动态演变过程中不断衍生、发展着与自然协同共生的智慧。乡村文化景观的遗产价值识别必然需要建立在对历史信息的全局把握之上。考虑到乡村文化景观整体价值的全面阐释，需要了解人们对待遗产的态度和行为的趋势，可以根据时间信息、历史事件与发展空间对其内在价值与要素进行有效的层级划分，并依托这一理论框架对遗产价值进行阐释。在分析乡村文化景观价值，进行价值阐释时，应着重关注其核心属性和变化趋势，为现在、未来乡村发展和管理提供思路，促进乡村文化景观的可持续发展。

综上所述，对乡村文化景观的价值阐释应当从梳理价值类型切入，综合其生成和发展特性，从基础价值如自然价值、文化价值、经济价值等，扩展至衍生属性，如空间价值、时间价值、精神价值、美学价值等方面。从而将价值对应于遗产的特殊属性，包括审美性、乡土性、宜游性、宜居性等具有针对性与描述性的内容，为乡村文化景观系统的保护与发展提供相对客观与完善的数据参考。

评估乡村文化景观价值时应当以时空双重维度为切入点，通过分析景观的历史演进过程，把握其内在规律和发展趋势，整合多学科视角，建立动态连续的思考方式以加深人类对周边环境的理解。其中，获取多人群对于乡村文化景观价值的认知与描述（包括对地点的依恋、理解和偏好）作为感知层，转译成矢量数据，构建动态数据库，不断补充并完善价值识别内容是乡村文化景观价值阐释过程中的重要环节。相关学科研究人员结合已有文献梳理与现场踏查，对研究对象进行时间、空间与事件的对应性梳理，初步获得乡村文化景观特质、要素以及对应价值等内容。相关利益群体，比如居民与管理者可通过半结构化访谈获取必要信息，用以调整区域边界、丰富区域内涵。依据与历史土地利用事件相关的节点划分时间段，加强对时间深度的挖掘；列举各时间段的土地性质与变迁状况，梳理历史事件发展过程中展现的自然与文化特质，并进行分类研究，以此来增添历史丰富度，形成时空物理层。通过叠加整合人群认知层和时空物理层，对价值类型、载体要素、价值内涵等方面进行解读，运用自然因子判定、文本梳理与问卷访谈等方法，结合大数据分析群体感知与偏好，进行遗产价值阐释。

## 2.2　乡村文化景观的多元价值体系

我国自然环境多样，农耕文化深厚，使得乡村文化景观具有更多维的生成背景与环境，多元的发展路径与结果。乡村文化景观是历史环境与人类共同筑造的动态空间，人类对它的认知与实践具有自我的语境表达和价值判定，具有一定的时空关联。实践证明，物质要素与非物质要素的单一保护是不可行的，乡村文化景观内部信息、空间与发展模式，以及外部环境和发展结构均不能拆分独立，同时不能忽略人，尤其是居民对于乡村文化景观的情感认知与价值认同。此外，为了形成较为完善的价值识别框架，系统地分析价值要素间的关系，相关领域专家还进行了价值评价指标提取的系列工作。经过历史的沉淀、文化的积淀，我国广阔的土地上产生了不同地理环境和人文背景的、具有独特生物文化多样性的乡村文化景观。提出"乡村文化景观"一词，是希望人们意识到在保护乡村物质形态遗存的同时，也应当开始重新审视地方性传统景观的意义，以及美学与文化价值等非经济价值。目前，乡村文化景观相关的评定工作大部分是由联合国教科文组织世界遗产中心开展，其录入要求是按照世界遗产的相关标准，在具备真实性和完整性的基础上，具有至少一项突出共同价值。世界遗产标准的制定与阐释使得具有一定共同性和突出价值的传统人地互动方式在现今得到一定关注。这一契机为人们提供了挖掘乡村地区突出价值的机会。尤其在我国，这些承载着厚重历史的乡村地区即使没有突出的世界性价值，单是从遗产视角出发的多元价值识别对于区域范围内的乡村文化景观保护与可持续发展也是有着极大意义的。此过程可以有效推动乡村风貌保护、地方文化传承、人地关系维持等，为该地区乡村文化景观的保护和发展辨明方向。

  乡村文化景观作为文化景观的一个类别，其价值体系的构建与现有的文化景观价值内涵的讨论密切相关。文化景观最为突出且基础的便是其文化属性。遗产领域中对文化概念的研究认为，"文化"与"自然"的概念是对应且相互依存的，具体表现为人类在实践活动中所创造的事物，涵盖了历史、艺术、科学、社会、精神等价值内涵。部分学者在研究中会将文化价值与历史价值、艺术价值置于同一逻辑下共同进行研究，在这种角度下，文化就是一种特殊的生活方式。乡村文化景观价值构建的过程将文化价值作为乡村文化景观的本质属性，文化价值成为相较于自然价值、社会价值等其他价值更为突出的核心价值，这与《巴拉宪章》（*The Burra Charter*）中的观点相契合。该宪章于1979年由澳大利亚国际古迹遗址理事会正式通过，是首次基于遗产的文化价值制定的有关保护工作的宪章。宪章中将文化价值表述为"过去、现在和未来几代人的美学、历史、科学、社会或精神价值"。价值是客体对主体的意义，针对不同的主体需求，客体会有多样化的性质与之对应。从不同视角出发，遗产价值可以有多种分类方式。目前，对遗产价值体系的研究主要是在历史学、考古学、人类学、地理学等学科的基础上演变而来的。《雅典宪章》中将纪念物的价值分为艺术价值、历史价值和科学价值三个类型。此后，人们对于非物质价值的关注，在延续艺术、历史和科学三个方面的基础上，拓展了有关社会、精神和宗教的内容，进一步丰富了价值类型。在我国，遗产价值的讨论主要受到考古学、地理学、建筑学等领域的研究影响。《中华人民共和国文物保护法》（2017

年修正本）中明确了文物包含历史、艺术、科学这三大价值，《中国文物古迹保护准则》（2015年）中也重申了三大价值，多数研究沿用这种价值分类，或在此基础上进行扩展。通过对联合国教科文组织世界遗产中心的"文化景观"与联合国粮食及农业组织"全球重要农业文化遗产"体系下相关评选标准进行客观的词频提取，分析梳理其本质与价值内涵。根据第一章中内涵解析的章节内容可知，联合国教科文组织体系下的评判标准更为注重遗产的历史、文化与艺术价值，联合国粮食及农业组织体系下的"农业文化遗产"注重农业、科技与生态价值。总体而言，国际组织、学者们的研究更倾向于关注乡村文化景观的历史价值、文化价值、美学价值、社会价值与精神价值。考虑到乡村文化景观最初是为了满足人类生产生活活动而逐渐形成的，应对该地区与农业生产相关内容进行考量，故而农业价值与生态价值也是其价值体系中重要的部分。

乡村文化景观人地关系的研究经历了人地关系认知—价值判断—学科交叉研究—遗产内涵拓展等多个阶段。随着乡村文化景观研究的不断发展，其整体性、系统性和动态性的特征日益明显，呈现出从物质空间保护向自然－文化融合的遗产情境方向发展、从静态保护向活化利用方向发展、从单一利用模式向多元化的持续利用方向发展、从村落保护向城乡融合发展方向发展的趋势。

随着遗产认知及保护范畴的拓展，遗产保护工作越来越强调对周边环境及发展脉络的全面把握和对遗产情境的清晰阐释。乡村文化景观有机演进的过程主要受社会驱动力的作用，不能以静态保护的思路解决活态遗产的保护与可持续利用问题。那么，乡村文化景观在社会驱动力作用下，产生了什么样的变化？呈现出什么样的风景特质？在新的社会需求影响下，这些风景特质将会发生什么样的变化？解决这些问题，需要将乡村文化景观视为变化着的动态系统，将其价值识别与保护建立在对遗产信息的深度解读上，以契合可持续利用的发展思路。

## 2.3 乡村文化景观的特质

乡村文化景观体现了人类生产的智慧，其起源时间可以追溯至刀耕火种时期，乡村文化景观演变是人类不断在自然中寻求更好生存环境的过程，其形成与发展状态因各地区自然条件和人类文明发展程度的不同呈现出巨大差异。

第一阶段，人类不断调整生活方式，充分利用地理条件，经过漫长的历史积淀，形成较为稳定的乡村居住与农业生产系统。农业生产水平在很大程度上受人口数量的制约。自然条件与劳动力数量对农业产出状况影响十分突出。乡村文化景观在这一时期萌芽、发展，形成了农业生产系统与居民生活空间共同发展的基础格局。

第二阶段，为提高农产品产量，将先进生产技术运用于农业生产实践，传统农业生产系统出现显著变化。单一建设目标下的更替缺少对乡村文化景观多元价值的保护与利用，部分乡村风貌趋同，乡村文化景观的多样性特征受到严峻挑战。

如果说前两个阶段是以物质生产、居民生活为主要目标，那么第三阶段展现出重点关注乡村文化景观的多样化发展趋势。这一阶段，部分乡村文化景观成为文化旅游、康养游憩、农业教育的吸引点，相关产业发展促进乡村文化景观的建设。还有一些异质性强、遗产价值高的乡村文化景观被列入遗产保护名录，作为区域发展的示范项目。

综上所述，乡村文化景观依赖的物质基础具有相对的稳定性，居民的流动性、生产技术革新、管理思想的创新对乡村文化景观的演变造成较为重要的影响。未来乡村文化景观的规划发展策略必须根植于原有的物质基础与文化传统，才能真正实现乡村文化景观的活态保护与可持续发展。

在乡村文化景观格局基本形成以后，乡村文化景观的遗产价值也更加明确。生产力的大发展，革新了农业生产技术，传统农业生产方式受到挑战，各地相继出台一系列保护措施，也促使乡村文化景观内在组成要素、特质与价值发生一定的变化。

如何保护充满地域文化特色的乡土建筑和人与自然和谐共生的传统耕作系统，把握变化中的乡村多元价值，成为乡村文化景观研究的重要课题。厘清乡村文化景观发展内涵与特质，则可以为这些课题提供翔实的资料准备和文化基底。结合不同历史时期乡村文化景观物质结构，可以将其发展内涵分为生产智慧、生活智慧、生态智慧三个部分；将其特质分为自然环境、空间格局、风景感知、历史文化与居民集体记忆五个部分。

## 2.3.1 乡村文化景观发展内涵

生产智慧体现在传统农作模式和生产技术等方面。土地利用方式、农耕条件与实践技术为乡村生产活动奠定了基础，农业活动相关建筑、设施的建设与社区管理是乡村文化景观可持续发展的核心，集中体现了古人在农业生产上的智慧。不论是农业生产方式的选择、灌溉系统的布局，还是农业时令的总结、传播，都是地域性农业生产技术的总结，是历史积淀后传承下来的生产智慧，并沿用至今。

生活智慧体现在聚落布局与人类生活方式等方面。"建筑要背山面水，坐北朝南"，"田边要有水有树"，"不用上游水洗漱"等，都是人们在与自然环境交互作用过程中的探索与适应自然的经验。村落的选址、布局、朝向、内部结构，民居建设就地取材，以及民居形式对当地气候的适应，是最能直接体现人类生活智慧的方面，至今都是具有科学价值的研究对象。

生态智慧主要体现在乡村文化景观对人与自然关系的探索过程之中。传统经验说明要谨慎砍伐山上的树林，要对山体、水系与森林抱有敬畏之心与崇敬之情，认为它们是被神灵庇佑之所。现在，人们对于山、水、林的崇敬之情仍在，"绿水青山就是金山银山"这一观点，与农业发展进程中总结出的朴素生态观一致，国家也将对山水林田湖草等自然资源的保护与规划纳入了国土空间规划的重要战略之中。

## 2.3.2 乡村文化景观内在特质

自然环境构成乡村文化景观的基本骨架和空间结构形态。水系、山体是人类定居的重要判定条件，许多村落沿河谷分布，生产生活用水需求得以满足。高山峡谷地区的河流多分布于峡谷低地，村落往往坐落于距河流较远的位置；山地丘陵地区的河流以水源地为主，村落为防止洪涝灾害并与河流保持适中距离，多将雨水聚集处开垦为农田；河谷盆地地区的河流分布较为密集，村落多分布于山腰，向水边逐级分布农田灌溉蓄水区，与河水关系紧密。人们会根据自然环境开拓水路或陆路，来满足日常生活或者其他生产项目的交通运输需求。

空间格局的形成主要依托古代的堪舆学，体现着古代"天人合一"的朴素哲学思想。空间格局可以通过建筑、农田、林地和道路等要素的分布与组合关系进行表达。

风景感知结果可以表达人对乡村文化景观持续性的多感官感受与认知。视觉方面主要侧重于乡村文化景观的多样性，如林木农田的层次，还有一些色彩变化，景观斑块的开敞或封闭等内容。触觉主要是对乡村文化景观内植被、动物、作物、设施与材料等直接利用时的大脑反馈。声音方面多与动植物所发出的声响、自然气候形成的声音和农业耕作有关。味觉方面以动植物食用性为主，心理感知主要与人们处于乡村文化景观内的情感反馈与精神依恋有关。

乡村文化景观传承下来的传统农业生产方式，一部分留存在受自然条件限制较多的区域，基本都不宜开展大规模的机械化种植。当地居民为提高生产效率，会以机械耕作来协助人工劳作。地区内一些传统基础设施仍在使用，传统的耕种模式得到延续，依托地区内农耕生产生活活动所产生的一系列传统建筑、风俗传统和特色产物，例如，民居、寺庙、宗祠、社火、剪纸、刺绣等展示着地域独特性，成为与长期农耕生产实践相关的丰富多样的物质与非物质文化遗产。

居民集体记忆主要以族谱族碑、公共活动空间等形式承载。许多村落中规模庞大或者历史悠久的家族有着严格的宗族传统。遗留的部分石碑承载着历史记忆，这些历史故事也在一代代村民间口耳相传。村中的公共活动空间是村民集体议事或者展开活动的地方，承载了村民对村中历史事件的共同记忆。

我国乡村地区基本都采用了现行的农村土地集体所有制，随着市场经济的深入发展，乡村地区的社会结构也处于转型阶段。在现有发展新型农业经营主体和社会化服务的情况下，更需要关注乡村地区的社会结构和主要经济形式，挖掘乡村文化景观的内涵与特质，依托科学技术有效地、适宜地促进生产结构逐渐从农耕向多种生产经营模式过渡转型，使多元价值、地域特质与特色要素得到更好的保护、传承与发展。

## 2.4 基于价值－特质－要素的乡村文化景观保护框架

值得注意的是，人的参与过程就是遗产价值的构建过程，推动乡村文化景观持续演进的主体是当地居民，其发展驱动力是具有地域特征的社会关系。全面解析社会需求下的乡村文化景观三维价值认知，使遗产的本体价值、使用价值和衍生价值与价值认知主体相对应，并通过风景特质和要素表达出来，形成价值理解－价值服务－价值创造的循环机制，形成认知群体与遗产价值之间的良性互动，需要将自然与文化、物质与非物质等要素及要素间关系视为一个整体环境，构建完整的乡村文化景观价值－特质－要素的保护框架，阐释乡村文化景观拥有的多重价值内涵，识别乡村文化景观保护的对象，明确不同类型乡村文化景观的保护与可持续利用方法。

基于遗产多重价值的包容性发展，一方面是源于价值认知对其内涵的全面阐述，另一方面是向社会提供服务过程中对多样化群体合理需求的尊重和积极响应，通过整合建立遗产与更广泛群体的关联。在空间尺度上，从国家、省（自治区、直辖市）、市、县等，直至由组群、个体形成整体的、系统的、具有脉络的保护发展体系，在不同空间尺度下把不同风景特质要素依托价值属性进行组合。通过解读多重价值属性，系统地识别乡村文化景观的错综复杂关系，论证乡村文化景观整体价值大于部分价值的总和这一观点，建立完善的、系统的识别与评价体系，提出乡村文化景观整体保护与协同发展建议，促进乡村文化景观的传承与可持续发展。未来制定乡村地区的保护方案时，需基于乡村文化景观整体价值识别与评估，制定有针对性的发展策略与建议。

价值-特质-要素的认定需要准确界定乡村文化景观多重价值内涵究竟是由哪些构成要素的什么特质所表达呈现的。这些价值-特质-要素的载体可能是要素本身，也可能是它们之间特定的空间关系，还可能是要素表征的风貌，包括物质的、非物质的，甚至是某种动态机制。无论它以何种形态存在，其核心一定是某种可被识别、感知的特质。正是这种特质将其与遗产价值内涵紧密联系起来。乡村文化景观特质识别包括时间和空间两个维度，通过乡村文化景观特质识别，可深入解析乡村文化景观的时空分布和结构特征，及其物质载体在历史演进过程中呈现的层积过程，为乡村文化景观的可持续发展提供重要依据。

通过对乡村文化景观多重价值的阐释，分析不同类型乡村文化景观的价值内涵、特质表征及承载要素、表现关系。一方面，整合保护价值-特质-要素关联区域，判断乡村文化景观广义的"变与不变"；另一方面，延续价值-特质-要素关系，把握乡村文化景观可以"变化"的程度，优化空间结构、保护范围和功能等内容，制定乡村文化景观的分类分级保护策略。在空间尺度上，从国家尺度，省（自治区、直辖市）、市、县域、乡镇尺度，分析乡村文化景观与城乡协同发展的关系，为国土空间规划中农业空间的合理布局及用地优化提供参考。

## 2.4.1 乡村文化景观的本体价值

本体价值是具有丰富内涵的乡村文化景观展现出的核心属性，包括历史价值、文化价值、生态价值、美学价值。

乡村文化景观的历史价值在于记录和展现人类在乡村地区的历史活动信息，反映地域乡村文化发展历史。乡村文化景观的历史价值具体体现在历史信息传承、历史痕迹记录。历史信息传承包括传统生产方式、传统营建方式等；历史痕迹记录则是历史信息传承的物质载体，包括农耕系统、聚落空间、历史遗产等，也是乡村文化景观本体价值中历史价值的具体内容。具有历史价值的农耕系统是指自该历史时期以来持续使用至今或具有历史可考性的农耕区域，农耕系统所包含的历史农耕形态、历史灌溉设施等信息在一定程度上可以帮助人们解读农业历史和进行农业历史信息的证实与传承。具有历史价值的乡村聚落空间产生于某个历史时期并持续或间断性发展着，历史上具有一定的信息记载，包括历史街巷与开放空间、传统基础设施等，一般呈现出面状或线状的形态结构特征。乡村中的历史遗产主要指点状分布的文化遗产、农业遗产等，包括历史建筑、古树古木、历史标志如石碑、古井等。对乡村文化景观的历史价值的保护，重点要遵循真实性与完整性的原则，保护乡村文化景观所携带的历史信息。

乡村文化景观的文化价值在于展现地域精神和文化，反映人们在利用、改造自然过程中的思想和价值观念。乡村文化景观在长期的发展过程中产生了一定程度上能够展现文化价值的景观结构与景观系统，包括村落整体格局、文化场所等。中国古代"天人合一"、"无为而治"等自然价值观以及风水思想等直接影响人们的生产生活活动，反映在村落选址、聚落形态和农田布局等直观表现文化价值的村落整体格局特征中。"人之居处，宜以大地山河为主"这是中国人对于理想居住环境需求的精准概括，村落和房屋选址常呈背山面水、坐北朝南之势。同时，人们受环境吉凶意识的影响，认为万物有灵，在选址中引入四大神兽概念，将四个方位赋予四灵属性，营造安全的居住环境。聚落形态呈"自然式"和"计划式"两种演进方式。"自然式"受公众意志、先辈经验及"天人合一"的思想影响，逐渐形成尊重自然肌理、与环境相协调的不规则形态；"计划式"受儒家"礼制"和政治权力影响，常呈现秩序鲜明和形状统一的几何形态。乡村文化景观聚落更多遵循"自然式"的有机演进途径。农业中人与自然的关系表现在天、地、稼、人的循环系统中，农田的布局和形态是人类长期以来和自然相互适应的结果，最终达到"天人合一"的境界。文化场所包括信仰场所、生活空间、生产空间等承载人们文化需求的场所。信仰场所主要指庙宇、神山圣水等承载人们的神仙崇拜或自然崇拜的空间；生活空间主要包括受礼仪、宗族制度、祖先崇拜等影响的空间，如祠堂、体现宗族血缘制的建筑空间组合形态等，也包括人们从事娱乐活动的空间如戏台等；生产空间指与生产活动相关的场所空间，主要是承载人类长期凝结出的智慧经验。对乡村文化景观的文化价值的保护，应注重理解文化内涵与景观要素之间的空间关系、功能关系和精神关系，可以与精神价值关联起来一同分析探讨。

乡村文化景观的生态价值在于其持续发挥生态功能，保持区域的生态平衡，减少自然灾害，维持地区生态环境安全。乡村中优美的生态环境是乡村文化景观重要的生态价值所在。乡村生态环境中山形地貌、河渠水系、生物景观资源等基础结构与生物系统，包含复杂多样的原始自然要素以及结合人工改造的自然要素，相互之间联系紧密。山形地貌是乡村文化景观的基础骨架。自然山形地貌的坡度、坡向、高程等要素影响着动植物的生存、生长分布情况以及人对土地的利用形式和利用强度等，经过人工改造后又形成新的山形地貌，具有新的风貌和功能。河渠水系指河流、湖泊、溪、涧等自然水系以及坑塘、沟渠等人工水系共同组成的水系统，提供了丰富的水资源，水系内部及周边生态环境也为生物提供了良好的栖息地。生物景观资源指森林、草原、农田等多样的植被资源以及分布在生态环境中多种多样的动物资源的集合，是乡村文化景观风貌及生态系统重要的组成部分。各结构、系统之间以要素相互联系、彼此作用，发挥整体的生态功能。因此对于乡村文化景观生态价值的保护，需保护各基础结构、生物系统的组成要素以及各系统之间的联系机制，根据其特点进行适当的开发建设，以维持乡村地区稳定的生态安全格局。

乡村文化景观的美学价值在于乡村文化景观的风貌、民俗风情给人带来的视觉或精神上的感染力。乡村文化景观中审美感知的对象类型主要分为自然环境和人工环境以及两者融合的环境空间。自然环境主要指由自然要素带来审美体验的景观环境，主要包括山水形胜、植物景观等；人工环境主要指由人工要素带来审美体验的景观环境，主要包括聚落风貌、建筑艺术、民俗艺术等；自然人工融合环境主要指人工改造自然而创造出的具有审美意义的乡土环境或人赋予自然环境意义从而具有更深层次的精神感染力的自然风光，主要包括神山圣水、农业景观等。对于乡村文化景观美学价值的保护，应以人的基本情感感知为基础，剖析多人群深层次的审美认知，逐层解析、挖掘审美主体与客体的关系。

## 2.4.2 乡村文化景观的使用价值

遗产外在的使用价值，会在不同的遗产实践中和不同的认知主体间产生与之相匹配的价值。乡村文化景观的使用价值凝结了乡村文化景观满足人类使用需求的过程与发展属性，包括科学价值、功能价值、社会价值、认知价值、条件价值等。

乡村文化景观的科学价值在于其为人类社会提供的具有借鉴或使用意义的科学知识、科学技术等。乡村文化景观的科学价值包括科研教育和技术应用等内容，其中科研教育包括科学知识、科学思想、科学精神等，技术应用主要包括各种工艺操作方法和技能等。对于乡村文化景观的科学价值的保护，应在了解科学规律的基础上，结合时代背景和实际需求进行保护、利用与创新。

乡村文化景观的功能价值在于乡村文化景观为人类提供的具有功能性、收益性等的实践性内容。乡村文化景观主要提供生产、生活、生态三个方面的功能，因此承载功能价值的景观结构与系统主要包括农耕系统、聚落空间、生态空间等。此处的农耕系统包含的要素更关注为人类提供粮食生产、经济来源的景观要素与空间，主要为农田、灌溉设施、经济作物资源及其衍生产品等。聚落空间泛指人们生产生活使用和居住的空间与要素，主要为民居建筑、集聚场所等。生态空间更关注动植物栖息地，与具备应对自然环境变化的空间与要素，如原生/次生森林、功能性林带、湿地、河流、本土动植物等。对于乡村文化景观功能价值的保护与应用，可以在一定程度上以景观要素发挥的功能效益为参考依据。

乡村文化景观的社会价值是指其蕴含的集体意识形态，是反映社会经济形态和管理制度的一种思想体系。乡村文化景观的社会价值与社会结构、集体利益息息相关，需要对特定区域的社会结构进行调查，如明确群体的组织方式和关系状态，包括人口结构、家庭结构、就业与职业结构、组织结构等方面，可更加全面立体地了解乡村文化景观形成的基础动力与结构脉络，为乡村文化景观保护的发展方向提供基础参考。

乡村文化景观引起人们对新知识、新奇事物、新鲜感的需求时，乡村文化景观对于人们来说具有认知价值。地域身份的认知可以更好地保留乡村风貌、传承地方文化、维持人地关系，为该地区乡村文化景观的保护和发展辨明方向。

乡村文化景观的条件价值是指使用者在特定空间范围内使用物质要素而产生的感知效用。当物质要素与某一特殊条件需求密切联系时，它的条件价值就产生了，如一些物质要素只具有季节性的价值。对于乡村文化景观的认知价值和条件价值而言，需针对特定的地区展开人群认知和社会情境、背景的调查，寻找价值、特质和要素。

## 2.4.3 乡村文化景观的衍生价值

乡村文化景观的衍生价值指以本体价值和使用价值为基础，随着人类社会发展，生产生活需求不断演变而产生的价值，包括精神价值、空间价值和情感价值等。结合乡村文化景观特质类型发现，乡村地区的精神环境背景、空间属性和特殊的情感联结是使之与其他地区有着不同特质的原因之一，衍生价值的构成中，精神价值、空间价值和情感价值具有一定的主导作用。

乡村文化景观的精神价值是人作用于自然的实践过程中以需求为导向形成的群体观念、知识或者约束等精神资源，属于非物质形态乡村文化的重要内容，具体包括精神文化、物质文化、制度文化、行为文化等，是构成社会认同感和归属感的基础。精神文化包括思想理论、道德风尚、文学艺术等。这些无形的财富能够影响人们的思想观念，增长人们的农事知识、社会经验，从而影响生活活动与生产活动。物质文化包括生产工具、农业生产技术、建筑营建技术等，有形的物质能够传达土地利用、农田水利、农作物种植、农业生活等乡村文化景观信息，展示地域性文化特点、农业生产和生活风貌。制度文化包括行政管理制度、法律法规、俗规（如礼仪制度、宗族制度）等，乡规民约在少数民族地区又称为习惯法，有口头和书面两种表达形式，是当地居民在经过长期保护、利用和管理自然的过程中形成的一套能够规范个体行为、维护区域社会稳定的管理办法。行为文化包括礼仪活动、风俗习惯、语言等，当地居民在长期生产、生活过程中与当地自然环境逐渐适应，产生了有别于其他地区的民族风俗与文化。对于乡村文化景观精神价值的保护，应该充分了解其产生的背景和原因，探究精神价值与其所处的自然环境经过长期相互作用产生的内在联系，在给予充分尊重的基础上结合时代背景要求进行保护。

乡村文化景观的空间价值是指不同空间内因事物变化形成的功能、布局等。空间价值不仅指物质空间的变化，也指其背后虚拟信息流的变化。乡村文化景观空间价值包括空间功能、空间布局等。空间功能包括土地利用方式、街巷建筑功能等；空间布局包括农田肌理、聚落肌理等。对于乡村文化景观空间价值的保护利用，应该理解空间内部变化的深层需求与演变逻辑，从而使其在新时代得到有效的保护与利用。

乡村文化景观的情感价值是指某些场所承载了当地居民的成长记忆，使之产生情感联结，维系单个个体归属集体的精神寄托，表现为具有归属感、认同感和其他特殊情感的地方，包括记忆场所、社交空间等。记忆场所如学堂、庙宇等，社交空间即能够促进当地居民交换意见、联络情感的祠堂、广场等公共空间，由于乡村的特质不同，需依据具体地区寻找要素。对于乡村文化景观情感价值的保护利用，需要深入挖掘与居民情感联结密切的事件与场所，探求精神寄托的根源，促进情感价值具象化，使其得到良好的保护与利用。

## 2.4.4 乡村文化景观的价值-特质-要素保护框架

价值-特质-要素保护框架，将遗产价值和遗产要素通过特质紧密地联系在一起，明确提出保护并不是简单地关注乡村文化景观物质或非物质的要素，而是要对这些要素及要素之间具有可见性或隐性特质的价值表现、价值本身进行探讨与分析。对风景特质的识别是展开乡村文化景观评估和保护工作的一种途径，风景特质是作为一个可被识别的模块而存在的，以区别于其他的空间，中立地标记着自身所代表的模块。继英国最早开始建立风景特质评价体系后，威尔士地区又出现了对历史风景特质进行描述的方法，这些方法为理解乡村文化景观特质的构成奠定了基础，指导了价值-特质-要素关联性的建立。相关数据显示，自2001年起，国际古迹遗址理事会评估报告中应用价值-特质-要素这一术语的频次呈逐年上升趋势，在世界遗产体系的认定过程中逐渐被使用、推广和深化，从一般性术语逐步转为专项评估内容。《实施〈世界遗产公约〉操作指南》对申报文本中涉及价值-特质-要素的内容进行了补充，并在联合国教科文组织、国际文化财产保护与修复研究中心（ICCROM）、国际古迹遗址理事会和世界自然保护联盟合作出版的《世界遗产申报筹备手册》中强调了此方法不仅能识别矛盾与管理问题，在合理界定申报范围等方面也起到了关键性作用。通过梳理价值-特质-要素的内容，厘清它们之间的关系，才能将情感认知的价值关联到意象的特质，从而对应到相关物象的要素。

  乡村文化景观的本体价值、使用价值、衍生价值及各个价值下的子价值体系互相联系，并不是独立存在的。结合价值-特质-要素保护框架，可以层次清晰地认知乡村文化景观的结构与内涵，有利于乡村文化景观的保护和可持续利用。现象学认为，场地空间在产生人类的行为活动后可被认定为场所，人在场所中会有情感意识存在。从人类针对乡村文化景观所产生的情感意识中分析提取出本体价值，逐渐剖析使用价值、衍生价值。再以乡村文化景观的价值为依托，通过人们自身对乡村文化景观体验的诠释，将价值赋予特质，在对意象的感知过程中发掘乡村文化景观的要素，建立遗产价值-特质-要素之间的关联，从而明确在保护中面临的问题，结合问题导向下的影响程度提出具体的保护策略（图2-1，表2-1）。

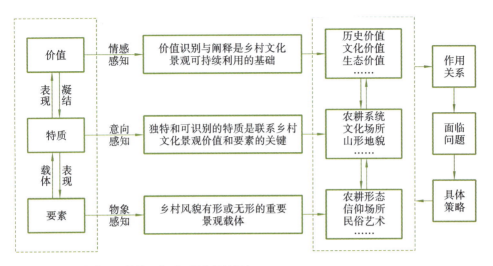

图 2-1 乡村文化景观价值-特质-要素保护框架
（图片来源：吴宇婷绘制）

表 2-1 乡村文化景观价值-特质-要素表

| 价值类型 | 子价值类型 | 特质 | 要素 |
| --- | --- | --- | --- |
| 本体价值 | 历史价值 | 农耕系统 | 历史农耕形态、历史灌溉设施等 |
| | | 聚落空间 | 历史街巷与开放空间、传统基础设施等 |
| | | 历史遗产 | 历史建筑、古树古木、历史标志等 |
| | 文化价值 | 村落整体格局 | 村落选址、聚落形态、农田布局等 |
| | | 文化场所 | 信仰场所、生活空间、生产空间等 |
| | 生态价值 | 山形地貌 | 自然山形地貌、人工改造山形地貌等 |
| | | 河渠水系 | 自然水系、人工水系等 |
| | | 生物景观资源 | 植被资源、动物资源等 |
| | 美学价值 | 自然环境 | 山水形胜、植物景观等 |
| | | 人工环境 | 聚落风貌、建筑艺术、民俗艺术等 |
| | | 自然人工融合环境 | 神山圣水、农业景观等 |
| 使用价值 | 科学价值 | 科研教育 | 科学知识、科学思想、科学精神等 |
| | | 技术应用 | 工艺操作方法和技能等 |
| | 功能价值 | 农耕系统 | 经济作物资源等 |
| | | 聚落空间 | 民居建筑、集聚场所等 |
| | | 生态空间 | 防风林带、护坡植被等 |
| | 社会价值 | 宗族关系 | 人口结构等 |
| | 认知价值 | 社会情境 | 社会活动等 |
| | 条件价值 | 空间感知 | 山水林田湖草等 |

续表

| 价值类型 | 子价值类型 | 特质 | 要素 |
|---|---|---|---|
| 衍生价值 | 精神价值 | 精神文化 | 思想理论、道德风尚、文学艺术等 |
| | | 物质文化 | 生产工具、农业生产技术、建筑营建技术等 |
| | | 制度文化 | 行政管理制度、法律法规、俗规等 |
| | | 行为文化 | 礼仪活动、风俗习惯、语言等 |
| | 空间价值 | 空间功能 | 土地利用方式、街巷建筑功能等 |
| | | 空间布局 | 农田肌理、聚落肌理等 |
| | 情感价值 | 记忆场所 | 文化空间等 |
| | | 社交空间 | 公共空间等 |

构建价值-特质-要素保护框架是为了通过对乡村文化景观的系统性研究，进行遗产价值的完整判断，洞悉遗产价值与人类社会的紧密联系。在社会驱动力下，建立乡村文化景观整体的、系统的、动态的保护和可持续发展路径。在这类遗产的价值认定和保护策略中，强调从特定的人地关系、区域发展脉络来整体认识乡村发展与环境的关系，它在产生—演变—发展—成熟的演进历程中融合了具有地方特色的多重价值体系，对于这一价值体系的认定是进行乡村文化景观保护利用的核心。识别过程中将乡村文化景观视作一个发展过程，而不是某一静止状态。通过对具有价值属性的风景特质识别，可以对风景特质的价值进行阐释，实现基于价值判断的整合保护和功能结构优化。这一过程强调持续变化性，而在这一变化过程中又有不变内容和可变内容，整合保护与功能结构优化强调延续乡村文化景观的价值属性和风景特质，从而促进乡村文化景观的传承、发展与激活。

# 3 国土空间规划中乡村文化景观的识别与保护

- 国土空间规划与乡村文化景观保护
- 乡村文化景观的保护目标与原则
- 乡村文化景观特质识别

## 3.1 国土空间规划与乡村文化景观保护

### 3.1.1 国土空间规划的相关概念

国土空间规划是对国土空间的保护、开发、利用、修复等行为作出的总体部署与统筹安排。2017年，国务院印发了《全国国土规划纲要（2016—2030年）》（以下简称《纲要》），这是我国首个针对国土空间开发与保护所提出的战略性基础规划，在我国国土空间的开发、治理及保护过程中起到重要指导和管控作用。《纲要》部署了三项主要任务，见表3-1。

表3-1 《纲要》中的主要任务

| 构建格局 | 任务内容 |
| --- | --- |
| 多中心网络型开发格局 | 推进建设国土开发集聚区和积极培育国土开发轴带 |
| 分类分级全域保护格局 | 依据环境质量、人居生态、自然生态、水资源和耕地资源五大类资源环境主题实施全域分类保护 |
| 综合整治格局 | 修复与提升主要城市化地区、农村地区、重点生态功能区、矿产资源开发集中区及海岸带和海岛地区的国土功能 |

为解决我国原有空间规划体系中规划类型过多、内容重叠冲突、审批流程复杂、周期过长及部分地方规划难以系统执行等问题，2019年5月，中共中央、国务院印发《关于建立国土空间规划体系并监督实施的若干意见》（以下简称《若干意见》）。《若干意见》针对三个不同的时间阶段提出了三大目标，见表3-2。

表 3-2 《若干意见》中的三大目标

| 时间 | 目标 |
|---|---|
| 2020 年 | 基本建立国土空间规划体系，逐步建立"多规合一"的规划编制审批体系、实施监督体系、法规政策体系和技术标准体系；基本完成市县以上各级国土空间总体规划编制，初步形成全国国土空间开发保护"一张图" |
| 2025 年 | 健全国土空间规划法规政策和技术标准体系；全面实施国土空间监测预警和绩效考核机制；形成以国土空间规划为基础，以统一用途管制为手段的国土空间开发保护制度 |
| 2035 年 | 全面提升国土空间治理体系和治理能力现代化水平，基本形成生产空间集约高效、生活空间宜居适度、生态空间山清水秀，安全和谐、富有竞争力和可持续发展的国土空间格局 |

同时，为贯彻落实《若干意见》，全面启动国土空间规划编制审批和实施管理工作，自然资源部发布《关于全面开展国土空间规划工作的通知》（以下简称《通知》）。按照《通知》要求，各级自然资源主管部门主动履职尽责，建立"多规合一"的国土空间规划体系并监督实施。按照自上而下、上下联动、压茬推进的原则，抓紧启动编制全国、省级、市、县和乡镇级国土空间规划，提出了省、市级国土空间规划审查要点。见表 3-3。

表 3-3 《通知》中省、市级国土空间规划审查要点

| 级别 | 审查要点 |
|---|---|
| 省级国土空间规划审查要点 | ①国土空间开发保护目标；<br>②国土空间开发强度、建设用地规模，生态保护红线控制面积、自然岸线保有率，耕地保有量及永久基本农田保护面积，用水总量和强度控制等指标的分解下达；<br>③主体功能区划分，城镇开发边界、生态保护红线、永久基本农田的协调落实情况；<br>④城镇体系布局，城市群、都市圈等区域协调重点地区的空间结构；<br>⑤生态屏障、生态廊道和生态系统保护格局，重大基础设施网络布局，城乡公共服务设施配置要求；<br>⑥体现地方特色的自然保护地体系和历史文化保护体系；<br>⑦乡村空间布局，促进乡村振兴的原则和要求；<br>⑧保障规划实施的政策措施；<br>⑨对市县级规划的指导和约束要求等 |

续表

| 级别 | 审查要点 |
|---|---|
| 市级国土空间总体规划审查要点 | 除对省级国土空间规划审查要点的深化细化外，还包括：<br>①市域国土空间规划分区和用途管制规则；<br>②重大交通枢纽、重要线性工程网络、城市安全与综合防灾体系、地下空间、邻避设施等设施布局，城镇政策性住房和教育、卫生、养老、文化体育等城乡公共服务设施布局原则和标准；<br>③城镇开发边界内，城市结构性绿地、水体等开敞空间的控制范围和均衡分布要求，各类历史文化遗存的保护范围和要求，通风廊道的格局和控制要求；城镇开发强度分区及容积率、密度等控制指标，高度、风貌等空间形态控制要求；<br>④中心城区城市功能布局和用地结构等 |
| 其他市、县、乡镇国土空间规划审查要点 | 由各省（自治区、直辖市）根据本地实际，参照上述审查要点制定 |

之后陆续发布《省级国土空间规划编制指南（试行）》（2020年1月）、《市级国土空间总体规划编制指南（试行）》（2020年9月）、《市级国土空间总体规划数据库规范（试行）》（2021年3月）和《市级国土空间总体规划制图规范（试行）》（2021年3月）等一系列文件，对各级国土空间规划的编制工作给予规范和指导。并于2021年6月发布《国土空间规划城市体检评估规程》来健全城市体检评估机制，建成实时监测、定期评估、动态维护制度。后又针对我国城市空间的具体设计颁布了《国土空间规划城市设计指南》（2021年7月）。此外，2021年9月，自然资源部及国家标准化管理委员会就《若干意见》内容对2021—2023三年内的国土空间体系建设制定了《国土空间规划技术标准体系建设三年行动计划（2021—2023年）》。

### 3.1.2 国土空间规划下的乡村文化景观保护与发展

我国农业文明延续数千年之久，乡村文化景观作为乡村土地表面文化现象综合体，反映了一个地区的人文地理特征，也记录了乡村人类活动的历史，表达特定乡村地域的独特精神。近年来，随着城镇化发展等，承载了独特历史文化与地域特色的乡村文化景观正在逐渐被同质化；另一方面，新型城镇化下的城乡融合发展也对乡村文化景观的持续利用提出了新的要求。目前，乡村文化景观的普遍性问题主要体现在以下几个方面。

#### 1. 乡村文化景观生态系统服务功能降低

乡村文化景观的生态功能是生态系统服务中的重要组成部分。随着建设用地的扩张和高标准农田建设的开展，乡村文化景观的生态问题逐渐凸显，生物多样性锐减、环境污染、气候灾害、景观格局破碎化等问题日益严峻，致使乡村文化景观生态系统服务功能降低。

#### 2. 乡村文化景观同质化

我国幅员辽阔，自然资源禀赋差异较大，衍生了高原、平原、山地、丘陵、河谷等不同地理环境条件下的乡村文化景观，其特征也千差万别、多姿多彩。但乡村建设中对自然基底和本土文化的忽视，使人们在乡村规划和设计过程中容易陷入经验主义和模式化建设，从而导致乡村地方特色流失、场所感下降，乡村文化景观趋于同质化。

#### 3. 人口的流失

人类生产生活相关活动是乡村文化景观中的重要组成部分，如日常耕作活动、传统习俗活动、传统技艺传授、民俗节庆活动等。这些活动是乡村文化景观产生和发展的重要环节，对农业生产和农耕文化的传承与延续具有不可替代的作用。但随着经济生产方式的革新，更多的资源向城镇地区集中，劳动力也随之转移，致使农业生产活动无法持续进行，一些传统技艺和知识也因缺少文字记录和实践而未能得到传承，乡村文化景观的活力逐渐丧失，人口空心化问题在缺少生产方式转型的传统村落中显得尤为突出。

新时期国土空间规划针对乡村地区的规划与建设提出了新的内容与要求，如在政策融合方面，以一个或几个行政村为单元，由乡镇政府组织编制"多规合一"的实用性村庄规划。在城乡发展方面，注重区域协调、城乡融合，围绕新型城镇化、乡村振兴、产城融合，明确城镇体系的规模等级和空间结构，提出村庄布局优化的原则和要求等。在乡村文化景观保护方面，对乡村地区分类分区提出特色保护、风貌塑造和高度控制等空间形态管控要求，其作用主要体现在以下几个方面。

（1）明确目标导向，提升乡村风貌。

乡村在我国城乡发展中占有重要地位，乡村文化景观作为乡村的核心表征，是"自然与人类的共同作品"，产生于人们千百年来对自然资源的保护与利用。现阶段，保护并延续乡村文化景观特征与文化内涵是社会经济发展的基本动力。通过国土空间规划，明确乡村文化景观的保护和发展目标，发挥田野的生态作用、景观和空间的间隔作用，营造体现地域特色的田园风光。一方面保留自然山水、聚落类型、建筑风貌等的空间格局，延续地域文化景观特征；另一方面通过对乡村文化景观资源的合理统筹，开展集景观提升、历史遗产保护、生物多样性保护、防灾避险、水土安全和游憩于一体的乡村绿色基础设施规划，从而挖掘乡村文化景观中的美学价值，从修复地域景观出发，保护、延续并提升乡村文化景观风貌。

（2）整合多方力量，制定发展路径。

乡村文化景观保护是一个周期长、协调性强的集体行动，需协调多方利益相关者参与其中，但利益相关者的属性、特征和需求会随着时间推进和环境改变而改变。在推进乡村振兴工作的过程中，需要改变以往模式化的建设，协调解决多方利益相关者的诉求。国土空间规划有利于将多方诉求融入决策过程中，制定人与自然和谐共生的特色发展路径，通过规划的引导，实现从"自上而下"的模式向"自下而上"、"上下结合"的模式转变，这是统筹协调乡村地区规划、建设、管理三者关系，整合力量，积极探索实现乡村文化景观系统优化的有效途径。

(3) 制定发展底图，构筑保护格局。

生态宜居是乡村振兴的核心，它与乡村文化景观环境相契合并直接关系到村民的生活空间质量。国土空间规划体系的建立与完善可大力推进国家治理能力现代化，从国家尺度上有效协调土地利用和生态发展。在发展乡村文化景观的过程中，以国土空间规划及管控要求为基础，在"三区三线"规定下落实乡村生态保护红线、发展底线、基本农田控制线，协调人居环境和产业发展需求，确定乡村建设用地指标。在乡村振兴过程中执行国土空间规划体系保护制度，推进规划审批制度的改革和发展，促进乡村经济发展与环境相协调，构筑满足生态文明建设理念的乡村文化景观整体保护格局。

## 3.1.3 国土空间规划中对乡村文化景观保护的要求

国土空间规划为乡村文化景观保护指明了方向，主要涉及"三调"、"双评价"、"三线"、"三生空间"、"多规合一"等内容中对乡村文化景观的考量。"三调"为乡村文化景观保护中各项规划提供重要底图，"双评价"框定了乡村文化景观开发和利用的刚性边界，为乡村文化景观中"三线"和"三生空间"的边界和区域划分提供依据，"多规合一"在国土空间规划中起到衔接和协调作用，为乡村文化景观保护的统筹规划、建设、管理等方面提供重要支持。

### 1. "三调"

第三次全国国土调查（以下简称"三调"）是一次重大国情国力调查，以调查土地资源为基础。具体调查过程是通过全面查清全国国土利用状况，掌握耕地、水流、森林、山岭、草原、荒地、滩涂等各类自然资源范围内土地利用状况，建立覆盖国家、省、市、区县各级的国土调查数据库。最终，实现成果信息化管理和共享，在当前国土空间规划中起到了统一基数、统一底图等重要作用，符合我国生态文明建设、空间规划编制等各项工作的需要。

契合"三调"的成果，在乡村文化景观保护中提供各种用地类型的分布、结构、利用状况等，有利于促进乡村文化景观中各类用地数量、质量及特征三个方面的保护，明确乡村文化景观中各种用地类型的权属问题，加强乡村文化景观的结构优化，为乡村文化景观的建设和规划提供数据支撑。例如，通过对水域及水利设施用地（二级类分为河流水面、湖泊水面、水库水面、坑塘水面、沟渠）的调查，确定乡村水资源空间分类数据，为乡村文化景观水利系统的保护与可持续利用提供边界参考；通过分析"三调"中水系分布的范围、结构等，实现乡村文化景观水利系统的调整和优化；或通过分析聚落与湖泊河网结构之间的动态关系和人对不同类型水域及水利设施用地的利用方式，提取区域内聚落与水协同发展的内在机制，从而对乡村文化景观的地脉、文脉特色进行发掘，实现对乡村文化景观地域特色的保护。

### 2. "双评价"

"双评价"包括"资源环境承载能力评价"和"国土空间开发适宜性评价"。2020 年 1 月，自然资源部发布了《资源环境承载能力和国土空间开发适宜性评价指南（试行）》（以下简称《指南》），提出"双评价"是对国土空间规划编制的重要科学支撑和基础性依据，其中"资源环境承载能力"为基于特定发展阶段、经济技术水平、生产生活方式和生态保护目标，一定地域范围内资源环境要素能够支撑农业生产、城镇建设等人类活动的最大合理规模。"国土空间开发适宜性"是在维系生态系统健康和国土安全的前提下，综合考虑资源环境等要素条件，特定国土空间进行农业生产、城镇建设等人类活动的适宜程度。

"双评价"对乡村文化景观保护的重要支持作用在于通过开展适宜性评价（生态保护重要性评价、农业生产适宜性评价、城镇建设适宜性评价），进行乡村文化景观的综合分析，如资源环境禀赋分析、现状问题风险识别、潜力和情景分析等，从而实现乡村文化景观的格局优化，对乡村地区的"三线"划定以及未来发展策略等提供支撑。因此"双评价"是对乡村文化景观资源环境特征产生多方、立体认知的工具和方法。"双评价"可以作为乡村文化景观保护的一种预判，提供乡村文化景观保护与发展的边界参考。

### 3. "三线"

"三线"，即国土空间规划中的三条控制线，分别为生态保护红线、永久基本农田、城镇开发边界。生态保护红线是指在生态空间范围内具有特殊重要生态功能、必须强制性严格保护的区域。永久基本农田是为保障国家粮食安全和重要农产品供给，实施永久特殊保护的耕地。城镇开发边界是在一定时期内因城镇发展需要，可以集中进行城镇开发建设、以城镇功能为主的区域边界，涉及城市、建制镇以及各类开发区等。三条控制线是调整经济结构、规划产业发展、推进城镇化不可逾越的红线。

在乡村文化景观保护过程中，通过乡村地区的"三线"划定，对乡村中的功能空间进行科学布局，做到三条控制线不交叉、不重叠、不冲突。划定生态保护红线，对乡村文化景观中具备水源涵养、生物多样性等生态功能极为重要的区域进行强制性保护。农田作为乡村文化景观的重要组成部分，承载了传统耕种智慧，凝聚了乡村地区人地和谐共生的关系，其形成的独特肌理具有较高的美学价值。划定永久基本农田，保护耕地质量，有利于实现乡村文化景观的可持续性发展。通过划定城镇开发边界，进行城乡统筹，将乡村文化景观保护与城乡协同发展相结合。

### 4. "三生空间"

"三生空间"是生产、生活、生态空间的统称，作为有机联系的整体，"三生空间"从功能的视角确定了国土空间开发格局，促进国土空间要素资源合理使用与分配。而在乡村文化景观保护方面，"三生空间"中的生产、生活、生态三种空间所涵盖的内容与乡村文化景观保护的对象相契合，以生态为基底，为乡村文化景观保护提供屏障；以生活为核心，为乡村文化景观提供持续动力；以生产为根本，为乡村文化景观提供保障。"三生空间"通过统筹三个方面的均衡协调发展，为乡村文化景观的保护和规划提供指导方向。

### 5. "多规合一"

国土空间规划是一个具有长远性、动态性、宏观性的发展规划，其中包括将主体功能区规划、土地利用规划、城乡规划等空间规划融合为统一的国土空间规划，实现"多规合一"是乡村文化景观保护的主要手段之一。乡村文化景观的保护涉及乡村中生态环境、经济发展、区域协调、村庄建设、农业、交通、水利和文化等多个方面。"多规合一"作为一种技术体系的支撑，使得各部门之间需要对乡村文化景观规划进行合理的监督与管理，实现乡村文化景观多元要素之间的协同发展，解决乡村文化景观保护过程中规划种类繁多、效率较低、标准难以统一、不同规划之间权责重叠和空间冲突等问题。

针对乡村文化景观的"多规合一"，其视角主要包括从国土空间规划"双评价"入手，发现乡村地区开发保护过程中的突出问题和资源环境风险等；从"三调"入手，掌握乡村文化景观中各种用地的基本情况，加强各类用地结构优化等；从"三生空间"入手，细化乡村文化景观与农业空间、城镇空间及生态空间之间的嵌套关系，促进三生空间的融合与协同发展。

## 3.2 乡村文化景观的保护目标与原则

### 3.2.1 保护目标

#### 1. 保护乡村地域文化特色，增强价值认知与地方认同感

乡村地区因多样的地理环境和复杂的人文背景，孕育了大量具有地理独特性、民族多样性的乡村文化景观。乡村文化景观作为乡村地区地域文化的重要表达内容，蕴含丰富的历史文化信息，并以繁复多样的物质要素和非物质要素为载体，组成代

表乡村文化景观地域特色的核心"文化基因"。"文化基因"之间的互相联系和作用，形成具有地域特色的乡土风貌。

伴随着人类生产生活的累积及其在空间上的层积，乡村文化景观具有时间和地区赋予的历史特性和文化价值，类似生物学所探讨的"基因"，具有稳定性和遗传性，是地方感和归属感的来源。因此，承载"文化基因"的乡村文化景观物质载体及其时空表征可视为乡村文化记忆建构和地方感重塑的宝贵资源库。在乡村振兴背景下，对乡村文化景观的保护和利用具有重要意义。通过对乡村文化内涵的识别、保护和展示，促进乡村文化记忆的再生产和乡村文化景观价值的再现，有利于增强乡村地区人群的地方认同感，推动城乡融合发展。

**2. 保护和尊重乡村文化景观演进特征，促进可持续发展**

乡村文化景观是基于自然环境自主演变和人类主观能动性发展（如土地利用、土地管理实践、农业政策和社会经济调整等行为活动）相互运作而产生的整体性结果。乡村文化景观在人类与自然环境长时期的互动关系下逐渐成形，并持续处于动态适应的变化过程中。

乡村文化景观本质上是人与环境关系的文化体现。乡村地区地域条件的差异性促进地域文化起源、分异、扩散、发展，促使乡村文化景观地域性特征的形成，包括空间地理区域的分布特征、不同土地利用类型形成的景观空间肌理特征以及历史积淀中综合人类社会活动、聚落空间变化形成的乡村历史文化风貌等。乡村文化景观的动态适应性特征体现在它的开放包容性，人类创造在乡村文化景观的塑造和发展中起重要作用。随着时代进程的发展，乡村文化景观作为完整的系统，持续性地受人类新的创造活动影响，在新的需求导向中展现新的价值，发挥新的职能。

在乡村振兴和国土空间规划双重背景下，乡村地区面临全要素国土空间管控和乡村发展空间利用的双重需求。在双重需求导向下的乡村文化景观保护和利用需要坚守地域文化存续，保护和尊重乡村文化景观地脉与文脉内涵的传承、创新与再利用。其次，加深人们对乡村文化景观形成的理解，推进乡村文化景观资源整合，推动城乡融合发展和可持续发展。

### 3. 保护乡村文化景观自然基底，提升人居环境质量

自然环境是乡村文化景观产生、演变和持续发展的重要基础，广大乡村地区复杂多样的自然条件为动植物、人类等生物提供了赖以生存和发展的空间，同时也孕育并承载着丰富的精神文化财富。

1992年，"文化景观"被正式列入世界遗产特殊遗产类型之中，这一行动向世人展示了探索具备文化和自然双重属性遗产的必要性，以及保护与发展此类遗产的无限可能性。直接表明了包括乡村文化景观在内的双重属性遗产需要以保护自然环境为核心任务，有效展示其自然与文化融合发展的特质，尤其是文化特质，促进两者在未来发展中的有机运作。

2019年中共中央、国务院公布的《关于建立国土空间规划体系并监督实施的若干意见》提出"坚持生态优先、绿色发展"、"划定生态保护红线"、"坚持山水林田湖草生命共同体理念"，强调生态保护的重要性。鉴于生态基底的重要性，应当首先确保乡村地区生态环境质量、周边环境质量、居民生产生活环境的稳定性与优质性。在保护乡村文化景观遗产整体生态功能与价值的基础上，充分发挥其衍生功能，展现其衍生价值。例如，改善居民生活环境，提升居民居住体验，增强乡村社区居民对乡村自然环境的保护意识，激发其自觉保护意识、发挥其作为乡村文化景观保护主体的重要作用等。

## 3.2.2 保护原则

### 1. 系统性原则

乡村文化景观是一个涵盖自然环境与人文环境的多元有机体，主要涵盖了大量动植物群体、栖息地、历史建筑、农田聚落等以物质实体呈现的文化景观要素，一

般具有静态或动态边界，以及传统技艺、文化习俗、生活习惯、精神信仰等非物质形态的文化景观要素，一般以文字、口头或实践形式展示。各要素之间彼此关联，构成一个整体功能大于部分功能之和的有机系统。

综上所述，对于乡村文化景观的保护要同时保护、孕育承载自然信息和历史文化信息的多元要素，即物质与非物质载体。其中，自然环境作为乡村文化景观独特的组成部分，它的整体与内部要素既是孕体也是载体，要意识到对自然环境整体及要素的有效保护，减少对自然环境的破坏或人为影响。需要充分尊重当地生物多样性，减少对生态资源的剥夺，保持生态系统内部的营养链和水系统的动态循环，维持和保护生物生存环境适宜性，维护生态系统的健康。

同时，在保护规划行动中应将乡村文化景观中的各个要素视为紧密联系的整体，充分重视各类要素之间的空间、视觉和文化等关联关系，进而统筹规划各个要素，进行系统化、层次化的保护规划。不能将各类要素抽离出来作为独立的个体进行片面的单体保护。做到全面兼顾的整体保护，指导科学、合理、可持续的规划建设。

### 2. 真实性和完整性原则

真实性是乡村文化景观在时间和空间两个维度中不断将原始的信息沉淀并延续其信息集合而辩证发展的过程，不仅包括其本体要素，还包括与它有密切关系的环境。乡村文化景观的真实性保护包括过程真实性保护，即重视体现历史过程中文本和物质的同时记录，确保历史信息的真实可考；文化真实性保护，即重视与物质关联的非物质的文化内涵；功能真实性保护，不仅关注乡村文化景观承担的历史功能，还要根据当下需求循序渐进地进行真实性的延续和发展。

完整性更加强调空间上的概念，乡村文化景观应该被视为遗产本体和周围环境的统一体。环境囊括了地理、历史、人文等信息。基于完整性原则的保护要保护遗产本体及其周边环境，更要保护遗产本体与周边环境的完整性关联特质，如地理关联、视觉关联、文化关联等。

任何遗产的保护都要遵循真实性和完整性的原则。对于乡村文化景观的保护就是要保护乡村文化景观的历史环境信息，主要分为自然环境与人文环境两部分，体现遗产真实性和完整性的特点。对于乡村文化景观中物质要素如聚落景观、民居建筑等，要遵循真实性、完整性的原则，尊重和保护传统建造形式、聚落空间肌理、自然山水环境、传统功能性质、精神文化内涵等，避免出现模式化和破坏性的建设活动，出现"千村一面"的乡村建设面貌。对于非物质要素如风俗习惯、民俗娱乐等，应保护其传统的应用方式，传承核心思想，激发创新文化生态新模式。对乡村文化景观真实性和完整性的保护强调原生态文化特色的保存和延续，保持乡村地区的风貌特色。

### 3. 绿色动态发展原则

乡村文化景观的动态变化是人地关系变化的体现，人对待所处自然环境、社会环境的价值观反映在对乡村文化景观的改造中。人在长期历史经验中总结的适应自然而发展的社会文化结构、生产生活智慧具有一定的现代价值。同时乡村文化景观是一个开放的系统，与时俱进的土地利用方式和思想文化不断融入这个系统中，带来新的发展和融合。

在同一乡村地域内和邻近乡村地域内的人们，通过生产生活活动与其所处环境结成相对稳定的社会结构。这种稳定的社会结构一旦形成，如果没有巨大的外力作用，将会保持相当长的时期，逐渐形成地域性的历史人文风情，那些具有长久历史的乡村文化景观与其周围的自然环境、人文环境共同承载、呈现了当地的地域文化。在这漫长的人类社会生活发展过程中，乡村文化景观并非一成不变，随着人类社会发展，乡村文化景观也在动态演进。乡村文化景观不能被看成静态、固定的遗产，要重视其动态的、具有弹性的特征。

乡村文化景观的保护，既要关注其演化过程，尊重其动态演变的规律，也要了解其弹性发展空间阈值，以维护自然环境的可持续发展，传承文化内涵、延续文化特征和发展创新生产活动等，最终促进乡村文化景观、乡村地区的绿色发展。

值得注意的是，乡村文化景观保护不是一次性活动，应当根据乡村地区发展的实际情况不断进行动态的调整。乡村文化景观的保护和利用应该具有延续性，制定长远的发展规划，保护与恢复与时俱进。历史是向前发展的，每个时代都会在历史进程中留下印迹。乡村文化景观现在的形态，是经过历代建设，不断改造和发展才得以保留至今。在乡村文化景观保护和恢复过程中，运用现代科技，保证乡村文化景观的功能性，同时可以营造具有时代风格的乡村文化景观保护环境。

### 4. 多方参与原则

乡村文化景观由长时间在乡村地区生产生活的乡村居民创造、改变和发展，乡村文化景观离不开人们的生产生活活动与空间，与人类行为密切相关，它体现着社会文化，讲述着历史故事，承担着人的各类活动，是乡村自然-社会-文化结构中重要的一环。乡村居民与乡村文化景观之间不仅仅是物质层面的依赖关系，更缔结了紧密的情感和文化联系。乡村居民是乡村文化景观最为直接的作用主体和重要的受益者。在乡村振兴背景下，乡村文化景观的经济价值得到快速的挖掘，尤其是生态文化旅游业的兴起，规划师及开发商等加入对乡村文化景观的旅游开发中。在这一过程中，以政府部门为主导的多群体参与机制起到了重要支撑作用，共同促进乡村文化景观的绿色动态发展，多元主体参与的乡村文化景观保护规划体系逐渐形成。

在政府部门整体调控的基础上，多元主体参与乡村文化景观保护规划应该合理平衡规划师、开发商及乡村居民等多群体之间的保护规划意愿，尤其应特别重视乡村居民的生产生活需求，尊重乡村居民的情感，避免出现破坏乡村文化景观自然风貌和历史文脉的建设活动。乡村居民是乡村文化景观保护规划的直接作用主体与受益人，也应该成为乡村文化景观保护规划的行动者，发挥主人翁意识。实践期间，必须积极调动居民的能动性、自觉性，积极地参与乡村文化景观保护规划的基础环节、管理维护等重要过程，促进乡村文化景观自然－社会－文化结构永续运作。

## 3.3 乡村文化景观特质识别

乡村文化景观具有多种文化价值内涵，记录了人与自然相互适应、和谐共生的过程，包含多样的物质与非物质载体，表现为土地利用模式、文化历史记忆、社会经济结构、审美哲思等多种形式。如何解读乡村文化景观所承载的信息，从不同层级对乡村文化景观的保护和发展提出建设性意见，需要与国土空间规划相衔接，对乡村文化景观进行多尺度的特质识别。

### 3.3.1 乡村文化景观特质识别的内容

"风景"是人对自然环境感知、认知和实践过程的显现，"特质"指特有的性质或品质，风景特质系指特定空间和环境呈现唯一性的品质，具有价值中立性。风景特质识别的研究源于英国，其形成了一套完整的历史风景描述方法，并确保其描述的准确性与科学性，加强了对历史土地变迁过程的可视化分析，成为土地利用规划和管理的重要参考。风景特质评价的主要技术流程包括通过地理空间信息系统、多学科参与等方式，对风景特质要素进行评价，输出风景特质地图，为后期的农业、旅游休闲业、城乡发展、自然和文化遗产保护等提供支撑。

乡村文化景观特质可以看作是在区域范围内，乡村文化景观所呈现出的最直观的唯一性品质，强调乡村文化景观各类要素之间的内在逻辑关系（如要素之间的组合方式、作用规律、形态特质、形成和发展过程等）。乡村文化景观特质可以分为共性特质和个性特质，其中共性特质是区域内乡村的共同特质体现，如依托某区域范围，乡村文化景观的共性特质能够反映出聚落与水系的共性关系，人对土地利用的主要方式，区域范围内的共性文化特征等。共性特质的研究方法多以文史资料梳理、大数据处理结合地理信息系统进行展示，实现区域范围内的乡村文化景观结构优化、促进区域内乡村协调发展。乡村文化景观的个性特质识别则更加细化，强调区域内某个乡村文化景观的动态演进过程、村内物质要素和非物质要素的相互作用机制，多以田野调查、半结构化访谈、文献梳理等方式进行空间制图，其目标多为制定某一乡村文化景观保护规划并进行落地实施。

乡村文化景观特质识别的过程，是发现乡村文化景观的共性特质和个性特质的过程。从自然要素、社会文化要素、政策要素、感知和审美要素等多方面进行乡村文化景观的特质识别，解读乡村地域自然和文化特色，把握乡村文化景观动态变化过程中的内外驱动要素，对乡村文化景观的识别结果进行针对性保护，增强乡村居民的身份认同感，保留、延续乡村的自然和人文底色。

## 3.3.2　不同尺度乡村文化景观特质识别方法

我国国土空间规划体系可以概括为"五级三类四个体系"。"五级"与我国五级行政管理体系相对应，有国家级、省级、市级、县级、乡镇级国土空间规划。在总体框架编制方面，国土空间总体规划由国家、省（自治区、直辖市）、市、县编制，各地可因地制宜，将市县与乡镇国土空间规划合并编制，也可以几个乡镇为单元编制乡镇级国土空间规划。结合国土空间规划的内在要求，对乡村文化景观进行多尺度识别，便于乡村文化景观依托国家行政管理体系进行从宏观到微观的保护和管理。

### 1. 国家尺度乡村文化景观特质识别

我国乡村数量众多，乡村区域面积在国土面积中占比极大。在国家尺度研究乡村文化景观特质识别，利用其成果可以对乡村文化景观的宏观特质进行整体掌控，推进国家尺度中关于乡村文化景观的行政管控和政策制定。在相关研究中，可结合"三调"成果和"三区"划分等国土空间规划成果，补充民族聚居区、聚落类型等社会文化要素及地形、土壤、植被等自然要素。在方法上主要为借助 ArcGIS 空间平台工具进行多层级、多类型矢量/栅格图层的属性信息叠加（见表3-4），通过多学科参与和公众参与等方式，对中国的乡村文化景观特质进行分区和描述，针对每种特质类型提供保护发展战略。

表 3-4  国家尺度乡村文化景观特质识别要素和方法

| 特质要素 | 特质要素指标 | 识别方法 |
| --- | --- | --- |
| 自然要素 | 气候、地质、地形、土壤、植被等 | ①借助 ArcGIS 空间平台工具进行多层级、多类型矢量/栅格图层的属性信息叠加，对景观特质进行分区和描述。<br>②多学科参与：地理学、生态学、考古学、风景园林学等多学科参与。<br>③公众参与：问卷、访谈、实地勘察、文献收集等 |
| 社会文化要素 | 土地利用管理、土地权属、民族分布、农业分区、地域文化区等 | |
| 政策要素 | "双评价"、"三线"、"三调"、"三生空间"等 | |

### 2. 省域尺度乡村文化景观特质识别

省级乡村文化景观特质识别是对国家尺度的乡村文化景观特质识别的承接和深化（见表3-5）。在国家尺度景观识别的基础上丰富其特质类型与描述，是市、县等下位乡村文化景观特质识别的基本依据，在全尺度覆盖的乡村文化景观特质识别中发挥承上启下、统筹协调的作用。特质要素和方法同国家尺度的乡村文化景观特质识别相似，可以第三次全国国土调查成果数据为基础，结合基础测绘和地理国情监测成果，进一步补充和完善社会文化要素和自然要素，从而对省级景观特质进行分区描述。

表 3-5　省域尺度乡村文化景观特质识别要素和方法

| 特质要素 | 特质要素指标 | 识别方法 |
|---|---|---|
| 自然要素 | 气候、地质、地形、土壤、植被等 | 同表 3-4 |
| 社会文化要素 | 土地利用管理、土地权属、民族聚居区、聚落类型、多元产业等 | |
| 政策要素 | "双评价"、"三线"、"三调"、"三生空间"等 | |

### 3. 市域尺度乡村文化景观特质识别

市域尺度乡村文化景观特质识别为进行下位的乡村文化景观特质识别和实施各项乡村文化景观开发保护措施提供基本依据，契合市级国土空间总体规划中的重大专题研究，对研究市域内乡村文化景观中自然山水和人工环境的空间特色、历史文化保护传承等空间形态和品质改善的空间对策具有积极指导意义。市域范围的乡村文化景观特质要素可在省域范围的景观特质要素上进一步补充，如增加感知和审美要素等（见表 3-6），其识别方法同国家级、省域尺度的乡村文化景观特质识别方法相似。

表 3-6　市域尺度乡村文化景观特质识别要素和方法

| 特质要素 | 特质要素指标 | 识别方法 |
|---|---|---|
| 自然要素 | 地形、生境、动物、植物、水资源等 | 同表 3-4 |
| 社会文化要素 | 资源利用管理、民族聚居区、建筑类型、多元产业等 | |
| 政策要素 | "双评价"、"三线"、"三调"、"三生空间"等 | |
| 感知和审美要素 | 对特定自然要素或区域的记忆、联想等 | |

### 4. 县域、乡镇尺度乡村文化景观特质识别

县域、乡镇级的国土空间规划具有较强的灵活性，本节在乡村文化景观特质识别过程中对县域、乡镇尺度两个尺度的景观特质识别进行合并分析。对县域、乡镇

尺度两个尺度的景观特质识别更多的是基于乡村文化景观的个性特质进行识别，强调乡村文化景观中各要素之间的相互作用机制，需要对乡村文化景观特质识别要素进行更加深入的补充。通过引入文化关联要素（见表3-7），结合自然要素、社会文化要素、政策要素、感知和审美要素，揭示乡村文化景观中的文化－自然双重属性的融合过程，为乡村文化景观保护和管理的落地实施提供依据，在识别方法上，与前文中的尺度识别方法相似。

表3-7　县域、乡镇尺度乡村文化景观特质识别要素和方法

| 特质要素 | 特质要素指标 | 识别方法 |
| --- | --- | --- |
| 自然要素 | 起伏度、植被覆盖率、珍稀动植物、水资源等 | 同表3-4 |
| 社会文化要素 | 历史土地利用、传统聚落空间形态、传统农业系统、其他产业系统等 | |
| 政策要素 | "双评价"、"三线"、"三调"、"三生空间"等 | |
| 感知和审美要素 | 对特定自然要素或区域的记忆、联想等 | |
| 文化关联要素 | 艺术、文学、描述性著作、音乐、民俗、人、事件等 | |

通过对不同尺度的乡村文化景观特质识别要素和方法进行汇总，以国家战略为导向，将国土空间规划中的相关内容引入乡村文化景观特质识别的要素（见表3-8）之中，进行乡村文化景观特质的多尺度识别体系构建，有利于实现乡村文化景观保护和国土空间规划的衔接。针对不同尺度的乡村文化景观特质识别，提出不同的特质要素及其相应指标。从宏观到微观揭示乡村文化景观中的共性特质和个性特质，增加区域内乡村文化景观保护和发展的协调性，突出强调乡村文化景观特质要素的关联性。始终践行乡村文化景观的保护目标与原则，总结归纳多尺度下乡村文化景观特质识别方法，为今后乡村文化景观特质识别的相关实践提供思路。

表 3-8　乡村文化景观特质的多尺度识别体系

| 尺度 | 特质要素 | 特质要素指标 | 识别方法 |
|---|---|---|---|
| 国家尺度 | 自然要素 | 气候、地质、地形、土壤、植被等 | ①借助 ArcGIS 空间平台工具进行多层级、多类型矢量/栅格图层的属性信息叠加，对景观特质进行分区和描述。②多学科参与：地理学、生态学、考古学、风景园林学等多学科参与。③公众参与：问卷、访谈、实地勘察、文献收集等 |
| | 社会文化要素 | 土地利用管理、土地权属、民族分布、农业分区、地域文化区等 | |
| | 政策要素 | "双评价"、"三线"、"三调"、"三生空间"等 | |
| 省域尺度 | 自然要素 | 气候、地质、地形、土壤、植被等 | |
| | 社会文化要素 | 土地利用管理、土地权属、民族聚居区、聚落类型、多元产业等 | |
| | 政策要素 | "双评价"、"三线"、"三调"、"三生空间"等 | |
| 市域尺度 | 自然要素 | 地形、生境、动物、植物、水资源等 | |
| | 社会文化要素 | 资源利用管理、民族聚居区、建筑类型、多元产业等 | |
| | 政策要素 | "双评价"、"三线"、"三调"、"三生空间"等 | |
| | 感知和审美要素 | 对特定自然要素或区域的记忆、联想等 | |
| 县域、乡镇尺度 | 自然要素 | 起伏度、植被覆盖率、珍稀动植物、水资源等 | |
| | 社会文化要素 | 历史土地利用、传统聚落空间形态、传统农业系统、其他产业系统等 | |
| | 政策要素 | "双评价"、"三线"、"三调"、"三生空间"等 | |
| | 感知和审美要素 | 对特定自然要素或区域的记忆、联想等 | |
| | 文化关联要素 | 艺术、文学、描述性著作、音乐、民俗、人、事件等 | |

# 4 气候变化与乡村文化景观可持续发展

- 气候变化对乡村文化景观的影响
- 应对气候变化的乡村文化景观系统
- 乡村文化景观价值影响评估
- 乡村文化景观保护与绿色发展

# 4.1 气候变化对乡村文化景观的影响

## 4.1.1 气候变化的现状

### 1. 全球气候变化现状

1979年,世界气候大会在瑞士日内瓦召开,科学家一致提出二氧化碳浓度增加将会导致地球升温的问题。气候变化首次被提上议程。1988年,联合国政府间气候变化专门委员会(IPCC)成立,作为专门评估气候变化状况的机构,为之后国际气候谈判奠定了良好的基础。1994年、2005年、2007年连续出台了《联合国气候变化框架公约》、《京都议定书》、"巴厘岛路线图",这些文件共同强调气候变化是此刻人类面临的不可忽视的威胁。2015年,巴黎联合国气候变化大会一致聚焦气候变化带来的一系列危害,其中气候变暖带来的极端气候事件频率和强度的增加成为国际社会的热门话题。

IPCC第六次评估报告指出:全球气候变化主要表现为气温升高、海平面上升以及洪涝、台风等气象灾害发生的频率增高等问题。在21世纪,气候变化会导致海平面持续上升,低洼地区发生更频繁、更严重的沿海洪水和海岸侵蚀;气候变化也会加速水循环,在带来洪涝灾害的同时许多地方也会发生干旱事件。目前气候变化的影响威胁到农田、森林、草原等重要生态系统,以及农业、畜牧业生产等各个领域。

### 2. 全国气候变化现状

在全球气候变暖的背景下,中国作为一个人口基数大的发展中国家,同样面临着严峻的气候挑战。正如IPCC报告指出:发展中国家是受气候变化影响最大的区域。在未来几十年，亚洲地区平均地表温度将持续上升，极端高温天气增加、极端低温天气减少。与此同时，亚洲大部分地区的平均降水量、强降水量和一些地区的日极端降水量也将增加。此外，在东亚大陆的大部分地区，干旱将变得更加频繁。中国气象局气候变化中心发布《中国气候变化蓝皮书（2022）》（以下简称"蓝皮书"），从大气圈、水圈、冰冻圈、生物圈和气候变化驱动因子等方面提供中国和全球气候变化状态的最新监测信息。蓝皮书显示，当前全球变暖趋势仍在持续，2021年中国地表年平均气温、沿海海平面、青藏公路沿线多年冻土区活动层厚度等多项气候变化指标打破观测纪录。中国成为全球气候变化敏感区之一，1961年至2021年，中国极端强降水事件呈增多趋势，高温、强降水等极端天气气候事件趋多、趋强。

### 3. 气候变化对乡村地区的影响

IPCC报告显示，21世纪控制气候变化的关键在于减少毁林和森林退化所引起的碳排放量和农业活动带来的碳排放量。作为一个农业大国，我国有广阔的乡村地区，大部分地区的生产方式和生活方式依赖于自然环境。乡村地区受气候变化的直接影响相对于城市更为显著，但也因为乡村地区各组成要素、系统的多元复杂性与完整性，其应对气候变化时表现出一定的适应性与恢复能力。在极端天气事件频发的情况下，中国乡村的生产生活方式将可能表现出更大的脆弱性。因此，积极采取措施适应气候变化，对促进农业生产和乡村生活良好发展至关重要。面对日益严峻的气候和环境危机，关注气候变化对乡村地区的影响是全社会的责任，也是科学界、各国政府、组织与个人普遍关注的重点。研究发现，气候变化使得乡村地区的生态系统、独特的传统文化系统、社会系统、经济系统都面临着不同程度的退化或破坏，主要影响体现在乡村内部淡水供应、粮食安全和农业收入三个方面。

## 4.1.2 气候变化的概念以及因子

#### 1. 气候变化的概念

《联合国气候变化框架公约》指出,"气候变化"是"经过一段长时间的观察,除了自然气候的变化之外,还包括人类活动直接或间接地引起的大气变化"。就目前来看,气候变化的主要表现是全球变暖、海平面上升、天气模式的持续变化等。其中,全球变暖对农业生产的影响最为直接。相对于前期有关气候变化的定义,如今的气候变化在关注一段时间内地表温度和降水平均值的基础上更加强调系统性变化,包括自然系统的过程以及人类活动的胁迫作用。

#### 2. 气候变化的因子

在人类活动和自然运动的共同作用之下,气候在其时空尺度上具有很大的不确定性。气候变化的内容主要包括用平均气温和年降水量来表示的平均气候状况和极端气候两部分。极端气候是指某一区域一定时间内出现的"罕见"气象,其分类包括极端高温、极端低温、极端干旱等几类。极端气候发生概率通常小于5%或10%,但是其危害性极大,如洪水、干旱、热浪、寒潮等就属于极端气候。

虽然目前气候变化对乡村地区的影响机制以及对不同乡村产业的影响特点和趋势尚不明朗,但总体可以分为两类:第一类是由平均时段的温度和降水引起的乡村环境的气候变化。例如降雨的持续性减少形成的干旱,对作物生长环境条件或动物生长发育和生活环境条件造成胁迫性影响;又如通过温度与降水变化的综合作用,使光、温、水、土、气等综合自然要素的分配和分布发生变化,直接影响作物的生长,进而对种植制度、病虫害防治、农业生产潜力及农业管理等产生影响。第二类是由极端气候导致短时间内突发性的气候变化。短时间内气候变暖、降水分布不均引发旱涝灾害事件会导致作物产量降低或者歉收、区域性低温冷害发生风险增加。极端气候事件的频发加剧了乡村地区生产的波动性,甚至会带来严重的农业灾害。因此,气候变化引发的系列影响,会促使农业生产活动和农业社会关系等产生不同程度的变化。

## 4.1.3 气候变化情景分析

气候变化与社会经济的发展密不可分。气候模拟是分析气候变化机理和预估未来气候系统变化的有效研究工具。IPCC 先后提出了 SA90、IS92、SRES 等情景，应用于历次评估报告。随着气候变化影响评估的发展，SRES 情景的不足逐步显现，为此，IPCC 调整了情景的发展方法和过程，发展了新的情景框架，于 2010 年提出了以共享社会经济路径（Shared Socio-economic Pathways，SSPs）为核心的社会经济新气候变化情景，共包含 5 种不同的发展路径：SSP1 可持续发展（Sustainability）路径、SSP2 中间路径（Middle of the Road）、SSP3 区域竞争（Regional Rivalry）路径、SSP4 不均衡（Inequality）路径和 SSP5 以化石燃料为主的发展（Fossil-fueled Development）路径。共享社会经济路径反映辐射强迫和社会经济发展间的关联。每一个具体的 SSP 代表了一类发展模式，包括相应的人口增长、经济发展、技术进步、环境条件、公平原则、政府管理、全球化等发展特征和影响因素的组合。见图 4-1。

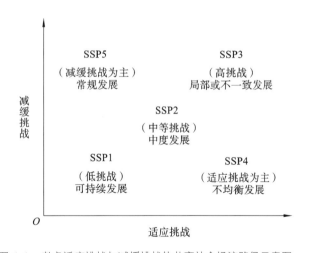

图 4-1 考虑适应挑战与减缓挑战的共享社会经济路径示意图
（图片来源：曹丽格，方玉，姜彤，等，《IPCC 影响评估中的社会经济新情景 (SSPs) 进展》，赵星雅改绘）

社会经济新气候变化情景（见表4-1）从提出至今已有数十年时间，对于推动气候变化预估与影响研究、支撑气候政策决策的作用逐渐凸显。作为气候变化研究的社会经济情景，共享社会经济路径可以为气候变化预估提供不同发展路径下乡村文化景观的社会经济参数。乡村文化景观的形成，反映了长时间演变过程中的人地适应机制，通过分析气候变化对乡村文化景观价值造成的影响和乡村社会韧性的适应机制，可以综合判断气候变化影响下的乡村文化景观脆弱性和适应能力。共享社会经济路径为乡村文化景观未来发展提供了社会经济情景，结合乡村文化景观本身的价值、特质分析，可以更加全面地判断气候变化对社会、经济、文化活动的影响，从而制定适应和减缓气候变化的策略，更好地理解乡村文化景观生态、社会和经济系统的相互作用及其对气候变化的响应机制。

表4-1 政府间气候变化专门委员会第六次评估报告中的社会经济新气候变化情景

| SSP | 设想 | 估计变暖（2041—2060年） | 估计变暖（2081—2100年） | 温度变暖范围（2081—2100年） |
|---|---|---|---|---|
| SSP1-1.9 | 温室气体排放量极低：$CO_2$排放量在2050年降至净零 | 1.6 ℃ | 1.4 ℃ | 1.0～1.8 ℃ |
| SSP1-2.6 | 温室气体低排放量：$CO_2$排放量在2075年降至净零 | 1.7 ℃ | 1.8 ℃ | 1.3～2.4 ℃ |
| SSP2-4.5 | 温室气体低排放量：$CO_2$排放量在2050年处于当前水平，然后下降，到2100年不会达到净零 | 2.0 ℃ | 2.7 ℃ | 2.1～3.5 ℃ |
| SSP3-7.0 | 温室气体高排放量：$CO_2$排放量到2100年翻一番 | 2.1 ℃ | 3.6 ℃ | 2.8～4.6 ℃ |
| SSP5-8.5 | 温室气体排放量极高：$CO_2$排放量到2075年增加两倍 | 2.4 ℃ | 4.4 ℃ | 3.3～5.7 ℃ |

### 4.1.4 气候变化对乡村文化景观的影响

**1. 气候变化对乡村文化景观生态系统的影响**

气候变化主要影响自然界中水、光、热、二氧化碳的分配和组合，进而对乡村文化景观生态系统及其演进过程产生一定的影响。温度升高使得作物的需水量增大，土壤蒸发量也会变大，作物可利用的水资源就会变少；气候变暖使得中高纬地区的作物播种期提前、成熟期延后，间接延长了作物的生长期；气候变化还会影响乡村文化景观生物多样性，同时带来病虫害类型的变化和病虫害的迁移。

**2. 气候变化对乡村文化景观社会系统的影响**

气候变化对乡村文化景观社会系统的影响主要在于人口流动和健康安全两个方面。一方面，气候变化会影响乡村人口流动，例如在干旱地区，极端气候变化对当地的可居住性造成累积性的负面影响，许多以耕种为生的农民选择外出务工或者移民，这是气候变化下的社会适应性选择。从长远来看，气候变化（直接或间接地）导致的移民在一定程度上会提高不同人群和文化的混合发生率。另一方面，随着全球变暖、极端天气事件的频繁发生，会带来环境污染、粮食短缺等问题，从而造成营养不良和疾病的多发，引发居民健康问题。

**3. 气候变化对乡村文化景观经济系统的影响**

气候变化对乡村文化景观经济系统的影响主要体现在粮食生产和农户生计上。一般而言，作物在适宜的气温下生长会促进粮食的生产，而超过或者低于适宜的气温将会导致粮食减产。平均气温升高，对于高纬度地区，作物的光合作用增强，相应的作物生长期将会缩短，这将会带来粮食增产。而对于低纬度地区，平均气温升高，若超过作物生长的临界值，将会产生蒸腾作用，由于蒸腾作用带走了作物的水分，粮食单产将降低。此外，气温升高导致病虫害频发，从而降低作物产量和畜禽生产性能，进一步导致农业收入损失、粮食价格上涨。气候变化对乡村文化景观经济系统的影响，尤其以极端天气影响农户生计最为典型。如干旱、洪水会使粮食单产降低或者作物歉收，同时恶劣天气也会影响食物的储存和分配，导致生产、供应价格的波动。

## 4.2 应对气候变化的乡村文化景观系统

### 4.2.1 气候变化与乡村农业文化系统

乡村农业文化系统是活态存在的。人作为乡村农业文化系统的核心，是因为人与人、人与地、人与农作物之间的相互作用关系，形成了具有多样性和复杂性的乡村农业文化系统。在人与人的联系之中，村民之间约定俗成的传统引导着他们对于农业传统的尊重和守护。受人地关系的影响产生的尊重自然基底并蕴含着极高美学价值、科学价值的农业景观，是人与自然共同完成的、极为典型的景观类型之一。例如红河哈尼梯田就是村民尊重地形起伏、利用当地"一山分四季，十里不同天"的地理气候条件创造的独特的乡村文化景观。除了人与人、人与地之间的文化联系之外，作物的选种、栽培、收获过程中积淀的知识与文化也是乡村农业文化系统的一部分。浙江安吉，素有"竹乡"之称，有独特的竹资源和竹环境，并形成了安吉人民与竹子之间长期共生共存、相互促进的发展模式。在安吉，竹子的培育历史最早可以追溯到新石器时期，并在宋代有了明确的记载。一直到今天，竹子在日常生活、科技生产及文化等方面仍深深影响着安吉人，竹文化也成为安吉农业文化系统的重要组成部分。总之，以人为核心的乡村农业文化系统，由天、地、稼、人共同构成的生产生活生态系统，是乡村文化活态稳固、源远流长的关键。

村民之间的互助精神和宗族情感对气候变化等外界变化有一定的应对能力，也能够在农田遭到破坏之后，引导村民尽快恢复农业生产能力。江西省万年县水稻栽培历史悠久，依托河网密布、土壤肥沃的自然环境形成了兼具农业智慧与文化意义的万年稻作文化系统。伴随农业发展产生的"开秧门"、"祭谷王"等祭祀习俗，不仅维持着村民之间的联系和秩序，也从思想信仰方面引导着人们尊重自然、与自然和谐相处。村民在耕作中沉淀出勤劳朴实的精神品质、适应与改造自然的能力和持续不断的创造力，也带来了技术的传承与创新，使乡村在应对气候变化的时候，能够在短时间内演化出新的农业模式。

一些得到系统性保护、传承和发展的传统乡村文化景观，对于气候变化表现出很好的适应能力，其中体现的独特的农耕智慧值得研究和推广。例如哈尼梯田，在长久以来哈尼族对于自然环境的适应和改造过程中，人们对于水源形成了成熟的科学应用体系，对气候变化有更好的适应性。这类传统经验与智慧对于应对全球气候变化、资源匮乏等外在威胁有良好的借鉴意义。再如万年县在经过历代对于水稻的驯化和培育之后，衍生出了利用红绿萍选田、油茶籽外壳防虫、打桩排泉等措施，这些举措不仅有助于营造更加适宜的水稻栽植环境，并且能够在一定程度上应对未来的环境变化。万年县经历了从原始野生稻种植到野生稻的栽培和驯化，再到栽培稻的种植过程，最终筛选出适合当地自然条件、产量高、适应能力强的水稻品种。如今的万年水稻，在耐贫瘠、抗病虫害等方面都有着突出的优势，因此能够较好地应对外界变化。位于云南省西南部的双江古茶由茶农世代培育而成，茶农凭借经验技术和丰富的栽培知识对茶树进行管护。茶农精心培育茶，古茶园、茶叶及其他茶树副产品带来的收益又反哺着茶农。茶农与茶树的紧密关系成为双江茶文化源远流长的重要纽带，也使得茶园在历史变迁和面临外界气候变化时得以留存和延续。

"天、地、稼、人"展现了乡村农业文化系统的重要内核，包含了主体、环境与结果。人们顺天时、量地利，通过农耕技术不断架构"天、地、稼、人"之间的运作模式，是我国传统农业发展过程中宝贵的人类智慧结晶，是乡村农业文化核心价值的物质载体。在外界环境变化的影响下，乡村不断做出相应调整，形成运用传统智慧的解决对策，赋予乡村农业文化系统强大的韧性和应对能力。因此，乡村农业文化系统得以持续演进，在历史长河中经久不衰。在农业生态系统方面，人们在传承乡村传统智慧的基础之上，形成了更具科学性和先进性的应对气候变化等的理念和方法，使现代技术表现出更加精准化、系统化的特征。

## 4.2.2 农业生物多样性与生态韧性

我国幅员辽阔，拥有变化多样的地形地貌与气候类型，这是形成我国多样的农业生态系统的自然基础。农业生态系统是由自然生态系统经过人为改造而形成的，改造的主要目的是生产更多的农产品以满足人们的生产与生活需要。同时，我国也是拥有悠久农耕历史的农业大国。在漫长的历史进程中，我国古人根据不同地方的自然条件和风俗习惯，采用不同的方式改造环境，兴修水利，种植作物，在不断探索的过程中掌握了适应本土环境的、多样的农业耕作类型，创造出具有中国智慧的重要农业文化遗产。

然而，当今全球农业的发展正面临着农业劳动力利用率较低、环境污染加剧、生物多样性降低等严重问题。生物多样性是生物及其环境形成的生态复合体以及与此相关的各种生态过程的综合，包括动物、植物、微生物和它们所拥有的基因，以及它们与其生存环境形成的复杂生态系统。生物多样性包括遗传多样性、物种多样性、生态系统多样性共三个层次。农业生物多样性依赖于生物多样性，并以此为基础，是生物多样性的重要组成部分。农业生物多样性是一切与食物和农业生产有关的生物多样性，其中包括植物、动物、微生物在基因、物种和生态系统层次上的多样性。农业生物多样性可分为农业生物遗传多样性、农业生物物种多样性和农业生态系统多样性。

农业生态系统主要包括但不限于农业、畜牧业、渔业及其相关的生态系统，涉及的土地类型包括农田、种植园、草原、湿地、江河湖泊、海洋等。有关农业生态系统工作的范围，除农业景观本身，还需要考虑农业景观与其周边环境的相互影响。在农业物种方面，我们要考虑保护与利用农业生物及其相关的野生近缘种，尤其要重视拯救农业生态系统中珍稀濒危物种和重要的种质资源。

"生态韧性"是指一个生态系统在受到干扰的同时维持原有基础结构和功能的能力，也是自我组织、适应压力和变化的能力。农业生物多样性提升生态韧性的具体表现为：①提高资源利用效率，形成生态循环。例如农作物根系从土壤中吸收养分，枯叶堆在土壤中经微生物分解之后为土壤补充养分，改善土壤肥力，同时可提高土壤中微生物的活性。②减少水土流失，防风固沙、调节小气候。例如林地还能降低平均温度，缩小昼夜温差。③植物和微生物能够吸收、分解环境中的污染物，起到净化环境、减少环境污染的作用。丰富的农业生物多样性能够在生态系统面临外界压力与物理损害时提供缓冲保护，例如缓解气候变化和病虫害等带来的物种丧失和生态系统破坏的压力，增强农业生态系统的韧性。农业生物多样性的减少会破坏农业生态系统的稳定，使生态服务功能受损、抵御自然灾害风险能力降低，为家畜家禽及农作物品种改良提供的遗传资源减少。因此，农业生物多样性是建立和维系农业生态系统的重要条件。

生态系统关系着每个人的生活、工作、安全和健康，也关系着人类与自然的和谐发展。应充分认识生态韧性理念对于乡土景观规划设计的重大意义，以景观韧性为出发点，进一步完善韧性规划设计和城乡景观体系。宏观上保证绿色空间的区域结构完整性和多样性；中观上保证绿色廊道的通达性与连续性；微观上见缝插绿，注重小尺度绿地的综合效益等。通过多尺度生态系统的关联，构建国土空间中农业生物多样性保护网络，以更好应对未来气候变化及其对生物多样性的威胁。注重农业生物多样性与生态韧性，能够有效解决乡村发展带来的生态环境退化与传统风貌特色缺失等问题，推动乡村绿色高质量发展。

## 4.2.3 乡村文化多样性与社会韧性

乡村文化从某种意义上来说可以归纳为地方性知识的一种，人类在适应身边自然环境以及社会环境的过程中形成了独特的地域文化，这是人类群体聚居活动、生产生活中积累和沉淀的精神结晶。乡村文化体现着人们长期凝结的思维方式和价值观念，并且能够在乡村历代发展中得到传承和延续，指导着乡村长久以来的营建与拓展。乡村文化作为中华民族历史文化的重要组成部分，共同推进中华优秀传统文化的绵延与发展，具有重要的价值和历史意义。

文化多样性是文化生态系统的突出特点，体现着人类不同群体的独特性，以及不同文化之间共存、共通以及共荣的良性状态。联合国教科文组织在《世界文化多样性宣言》（2001年11月2日）中提到，文化多样性具体指的是文化在不同时代和不同地方具有各种不同的表现形式，具体而言包括语言、宗教、习俗、建筑、衣食等多个方面。在联合国教科文组织第三十三届大会上通过的《保护和促进文化表现形式多样性公约》中同样提到了"文化多样性"的定义，即各个群体和社会借以表现其文化的多种不同形式。其中，文化多样性不仅表现在文化本身的多样化，也表现在表达方式、传承途径和创新方式的多样性。

我国乡村面积广阔，乡村数量与类型众多，在不同地域环境、宗教信仰、民族背景等因素的影响下，形成了各具特色的乡村文化。因此，不同乡村所形成的乡村文化在意识形态、道德伦理、传统习俗、审美意趣上都有所不同，也就形成了广义上乡村文化的多样性。聚焦乡村内部，在乡村地区长久的历史发展之中，村民们在生产生活期间逐步形成了本土乡村内的多样文化，包括农耕文化、宗族文化、文化景观等多元统一的文化形式。这些文化的本土聚合形态促成了乡村与乡村之间文化特征的差异性与相似性，彼此之间的和谐相处、交流互通，使得乡村能够在农业生产、家族生活、村民交流等多个方面有着和谐融洽的发展模式，形成了狭义上的乡村内部文化多样性。

相比于生物多样性，文化多样性受到关注与重视的时间相对晚些。工业化时代，生物多样性受到严重影响，物种多样性减少，人们开始反思对于生物多样性的保护途径、方式是否具有可持续性，此时，文化多样性与生物多样性的关联关系逐渐被关注。乡村文化作为我国传统文化的重要组成部分，其多样性的发展体现着我国地域辽阔、文化丰富的特点，不同的文化都应拥有平等的传承和发展的权利，才能促进乡村文化多样性的持续展现，保证乡村与乡村之间的多元碰撞和交流共通，进而有助于社会韧性的形成。然而，伴随社会发展中科学技术与工业进程不断加快，文化多样性对于生物多样性保护的隐性作用逐渐显现，人类逐渐认识到文化多样性的重要性。

韧性最初指的是材料受外力形变而回弹，后来被引入不同的学科研究。深入本质可以发现，韧性的反面是脆弱性，因此在关注韧性的初期应该首先关注研究对象的脆弱性。相比于城市，乡村是社会资源相对较少的区域，乡村社会的脆弱性更加明显，所面临的风险也更大。当然，乡村社会自身也带有一定的适应能力，也是乡村社会韧性的一种体现。韧性理念被引入乡村发展中，为乡村可持续发展路径的相关研究提供了新的思考方向。从长期的研究结果来看，乡村社会韧性不是处于某种特定的稳定状态，而是在感知潜在风险后能够主动抵御，在风险来临时积极适应，以及在风险解除后可变转化，最终实现处于持续的动态演进状态。

当乡村社会面临外在威胁时，乡村文化多样性中所体现的不同文化特征能够提供不同的适应能力和修复能力，能够给予更多的解决方案和途径，也能适应不同地域环境中的潜在危险。乡村文化的多样性决定了乡村农业文化系统的复杂性与动态性，多个文化之间的联系与交互形成了强大的文化网络结构，在面对外界风险时能够有效感知、吸收、应对以及恢复（图 4-2）。例如我国少数民族最多的省份——云南省，在城镇化高速发展的背景下，因其类型丰富的乡村文化，形成了成熟多样的乡村旅游与文化旅游产业，最大限度地抵御、避免了乡村建设停滞、人口流失、经济下滑等问题带来的损害。可见，在城市高速化发展的今天，乡村文化多样性给予了乡村更多的发展机遇。

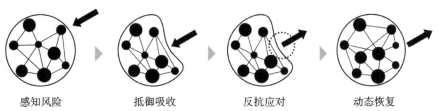

图 4-2　乡村农业文化系统韧性表现示意图
（图片来源：杨涛绘制）

当乡村社会感知到风险的存在而自身应对能力不足时，突出乡村文化特有的优势有利于消除或减少人们由于应对外界变化而产生的精神消耗。例如，人们在世代传承中形成的同甘共苦、互相帮助的文化习俗下，便能够更加有效地应对外来干扰和威胁，这些潜在风险包括了外来文化的冲击、乡村人口的流失、本土文化的消失等。同样，乡村社会邻里之间的情感沟通和相互支持的内聚力也能够在乡村社会韧性中起到积极正面的作用。因为潜在风险的不确定性，多样化的乡村文化能够促使乡村社会提升适应与改变的能力，更加有效地应对社会外部环境的变化。

在城市发展与现代化建设的需求下，乡村年轻人选择离开家乡寻找新的就业方式，但基于传统家族中养育与反哺的"孝"文化，依然会保持和家乡的紧密联系，使得乡村在城镇化的冲击之下依然能够表现出特有的韧性。部分乡村传统的继承与赡养模式一方面将家庭财产进行了分配和传递，同时在家族面临分离与变故的情况下对维持家族的联系和稳固有一定的作用，是社会韧性在农耕文化和宗族文化中的复合表现。乡村中宗族文化使得家族内部形成了坚实而复杂的网络体系，在激烈的发展竞争中，家族文化的凝聚力使得温州家族手工业以及乡镇企业能够成功崛起进而创造经济奇迹。家族内部的习俗公约以及血脉关系的联系，使得家族系统能够在发展过程中面临外部的竞争与威胁时产生独有的应对力。由此可见，在面临不同的社会问题时，乡村不同的文化类型能够起到各自的应对效果，丰富的文化系统在复杂的外界威胁下能够产生多方面的韧性表现。

乡村文化多样性网络的形成是社会发展的必然产物，人与人、人与地的沟通和联系衍生出了民族、农耕、宗族等各色文化类型，同时不同环境之下的文化类型又存在地域差异。由此，无论是乡村内部或是外部的文化多样性网络，都能形成坚韧而复合的系统，在面对社会干扰的情况下，能够表现出明显而有效的适应能力。

## 4.3 乡村文化景观价值影响评估

### 4.3.1 乡村文化景观价值影响评估的意义

乡村文化景观是人类行为发展和自然不断演化过程相互作用的结果，是乡村土地表面的文化现象综合体。人作为乡村生活的主体，在形成相对完善的社会结构之后，其生产生活需求都可以直接或间接地促进乡村文化景观的持续演进。个体、集体等多样的组织形态与乡村文化景观的互动越发频繁，促使乡村文化景观本体价值、使用价值和衍生价值逐渐生成并发展，并兼具历史、科学和教育等重要意义。然而，气候变化和外来文化冲击使乡村文化景观发生变化，影响了乡村文化景观价值体系构成关系及其表达。乡村文化景观价值影响评估的目的在于通过确立评估指标，明确外界变化给乡村文化景观价值带来的威胁，发现乡村文化景观的改变趋势，充分评估外界变化对乡村文化景观价值造成的影响和改变程度，为文化景观的实时监测和后期采取相应的保护措施提供依据。

我国拥有丰富的乡村文化景观资源，但其价值影响评估研究相对发达国家和地区起步较晚，还存在不足。在此背景下，迫切需要探索适应我国国情的乡村文化景观价值影响评估方法，以充分挖掘乡村文化景观价值，维持我国乡村的自然景观多样性特征与乡土人文特色，延续良好的人地关系。乡村文化景观价值影响评估不仅仅在于保存乡村文化景观资源、延续乡村文化景观特征、促进乡村资源保护与利用，更注重延续乡村长期以来良好的人地关系，充分发掘、提升乡村价值，推动传统乡村转型，指导村庄的可持续发展。

### 4.3.2 价值影响评估相关研究和发展

2007年，国家文物局在《关于加强基本建设工程中考古工作的指导意见》中首次提出文物影响评估的定义。2009年，联合国教科文组织与国际古迹遗址理事会编写了《世界文化遗产影响评估导则》，文化遗产影响评估得到推广，对于涉及文化遗产的建设项目进行文化遗产影响评估已经成为常规步骤。2011年，国际古迹遗址理事会出版《世界文化遗产影响评估指南》，更是为文化遗产影响评估在具体评估中的应用明确了方向。

我国目前有关价值影响评估的对象集中于考古领域的历史文物、自然文化遗产、遗址公园等，例如在文物保护领域，我国西安、郑州等多市对涉及或可能影响区域内文物的轨道交通工程建设项目开展了文物影响评估，并取得较好的效果。国内学者对于文化遗产影响评估的研究内容还包括国内外评估体系的介绍和本土化应用，各学科在具体评估实践中的思路不同，所运用的方法也不同。例如冯艳、寇怀云对比了文物影响评估与文化遗产影响评估，尝试总结并提出文化遗产影响评估的应用框架。也有学者借鉴经济学方法，例如林贤彪等人通过采用消费者支付意愿法进行农业遗产非使用价值和影响因素的评估；此外，还可见条件价值评估法、传统的层次分析法结合专家打分法、参与式乡村评估、结构式偏好与路径调查法等运用于价值影响评估。

目前我国的文化遗产影响评估方法多执行环境影响评估的思路，倾向于评估遗产的单一属性受到的负面影响。我国乡村文化景观资源丰富且分布广泛，乡村文化景观是一个有机综合体，价值影响评估要广泛吸收多学科、领域的方法技术，基于对乡村文化景观价值体系的认知，对不同类型的乡村文化景观和不同价值类型、评估指标选用不同的因子和评估方法，从整体角度进行考虑，否则环境影响评估的思路很难适用于乡村文化景观价值影响评估。目前，不管是作为技术的评估方法，还是负责编制、管理影响评估及政策协调等各方面工作的遗产保护和城乡规划管理部门，都尚未形成完整体系。因此，本书尝试从识别我国乡村文化景观特质出发，借鉴文化遗产影响评估思路和方法，总结其经验，以期建立适用于我国乡村文化景观价值影响评估的体系。

### 4.3.3 乡村文化景观价值影响评估原则

#### 1. 以价值保护为核心

由于对乡村文化景观的价值导向认识不清，我国许多乡村文化景观在发展过程中出现了因人们追求短期经济利益而破坏景观价值的现象，乡村文化景观价值的永续利用要求转变观念，从经济导向转向价值导向。进入存量发展时代，中国已经在尝试将遗产保护、适应性再利用和发展规划三者结合应用的保护规划形式。"如何管理变化"将成为范式转型必须面对的重要课题之一。作为影响评估分支之一的文化遗产影响评估，其目的就在于解决保护与发展的关系，以文化遗产为发展引擎，以提升社会整体福利为目标。

#### 2. 整体保护原则

对于活态的乡村文化景观来说，除了价值外，更重要的是其功能、结构、视觉、与自然的关系等方面的完整性评估。

由于乡村文化景观和自然的复杂关系，评估时还需要考虑其内部组成要素、结构之间的完整性，以及其整体与周边自然环境间的完整性，而非乡村文化景观本身的完整性。完整性体现在两个方面：一是空间范围的完整性，如历史街巷、建筑等空间范围和尺度的完整性，要求应尽可能对自身范围、规模等的完整程度，以及与其所在环境的完整关系做出客观评估，对乡村文化景观与原有外部自然景观环境是否协调进行评估；二是历史文化概念的完整性，不是仅评估孤立的文化元素，而是充分评估整体文化环境，尽可能保护历史文化构成的完整性，才能守护其文化价值生存的土壤，文脉才能得以延续。

#### 3. 可持续性原则

乡村文化景观应树立"活态化"保护思想，从人的需求出发，对承载人的生活轨迹的物质空间和乡村生活质量进行充分评估。除了关注物质空间之外，乡村文化景观对社会发展、经济可持续发展、文化价值等方面的影响也不可忽视。正确评估历史保护与可持续利用的关系，在保护之外，将管理及利用现状作为评估指标之一，确保科学保护与合理利用的有机结合。

### 4.3.4 乡村文化景观价值影响评估体系框架

#### 1. 不同类型价值的评估指标

本体价值的评估指标需能反映承载历史价值、文化价值、生态价值、美学价值要素受影响的程度和规模。选取的指标应具有可识别性和可获取性，如反映历史价值的材料、历史建筑外观的历史时间跨度等指标；反映文化价值的居住模式、宗教文化、民风民俗、文化影响辐射范围等指标；反映生态价值的小气候变化、植被覆盖率、生物多样性、垃圾处理等指标；反映美学价值的景观格局、风貌、优美度、独特性等指标。

使用价值的评估指标包括具体能够反映乡村居民衣、食、住、行等基本生活需求的满足情况的指标。关键评估指标包括物价水平、常住人口中原住居民比例变化、人均可支配收入、基础设施完善水平、受教育程度等指标。

衍生价值的评估指标需能够反映精神价值、空间价值、情感价值等的影响程度与规模，包括场所认同感、社交关系、对管理制度的满意度、对村规民约的自觉遵守程度等。精神价值指标主要表现为乡村居民和游客对于乡村文化景观、田园风光或者独特风景的精神依赖、归属感，以及对乡村社会关系的信任感。

不同类型的乡村文化景观承载价值的要素不同，对气候影响做出的改变和适应情况也不尽相同，并且气候环境对于很多价值类型来说并不是直接影响因子，而是通过景观来表达和建立起价值影响关系的，可以说是一种具有因果关系的内在评估指标。已有的乡村文化景观价值影响评估体系很有借鉴意义，但是所涉及的评估方法种类繁多，评估指标数量庞大。因此，评估过程中包括但不限于以下指标体系，可根据实际情况和需要筛选，参考表4-2选取、增加要素、评估指标，以保证具体乡村文化景观中承载其价值的要素得到充分的保护，相关评估指标应用充分。

表 4-2 乡村文化景观价值影响评估指标体系

| 大类 | 价值类型 | 价值载体要素 | 评估指标 |
| --- | --- | --- | --- |
| 本体价值 | 历史价值 | 历史农耕形态、历史灌溉设施等<br>历史街巷与开放空间、传统基础设施等<br>历史建筑、古树古木、历史标志等 | 材料、外观的完整程度<br>一定长度的历史建筑连续界面等<br>历史时间跨度 |
| | 文化价值 | 村落选址、聚落形态、农田布局等<br>信仰场所、生活空间、生产空间等 | 居住模式、宗教文化、民风民俗、文化影响辐射范围 |
| | 生态价值 | 自然水系、人工水系等<br>植被资源、动物资源等<br>自然山形地貌、人工改造山形地貌等 | 小气候变化、植被覆盖率<br>生物多样性<br>垃圾处理等 |
| | 美学价值 | 山水形胜、植物景观等<br>聚落风貌、建筑艺术、民俗艺术等<br>神山圣水、农业景观等 | 景观格局、风貌<br>优美度、独特性等<br>视觉景观质量 |
| 使用价值 | 科学价值 | 科学知识、科学思想、科学精神等<br>工艺操作方法和技能等 | 历史发展时长、应用频次 |
| | 功能价值 | 经济作物资源等<br>民居建筑、集聚场所等<br>防风林带、护坡植被等 | 物价水平、人均可支配收入<br>常住人口中原住居民比例变化等 |
| | 社会价值 | 依据具体地区寻找要素 | — |
| | 条件价值 | | |
| | 认知价值 | | |
| 衍生价值 | 精神价值 | 思想理论、道德风尚、文学艺术等<br>生产工具、农业生产技术、建筑营建技术等<br>行政管理制度、法律法规、俗规等<br>礼仪活动、风俗习惯、语言等 | 信任关系、信任感<br>家园自豪感<br>社交关系、对管理制度的满意度等 |
| | 空间价值 | 土地利用方式、街巷建筑功能等<br>农田肌理、聚落肌理等 | 景观格局、土地利用性质、空间形态 |
| | 情感价值 | 依据具体地区寻找要素 | — |

## 2. 价值影响评估准备

价值影响评估的关键技术是评定价值类型和价值高低，确定承载价值的要素、评估指标和受影响程度，建立可体现价值高低和变化程度的函数来反映影响等级。价值影响评估可以通过向有关遗产保护领域的专家、学者发放问卷，采用德尔菲法、专家打分法、层次分析法等确定价值排序和价值指标权重。

## 3. 价值影响评估工具

参考文物影响评估之《世界文化遗产影响评估导则》和已有评估研究案例，本书在上文价值指标权重的基础上，采取矩阵评估的方法，按照价值高低次序将乡村文化景观价值划分为很高、高、中、低、可忽略 5 个等级；将承载乡村文化景观价值的载体要素受气候影响的规模划分为"发生重大变化"、"发生中度变化"、"发生轻微变化"、"可忽略变化"、"无变化" 5 个等级并依次进行排列（表 4-3）。排序后得到逐一对应的"受影响的严重程度"。在具体评估项目中可根据价值高低、权重和受影响程度，建立起适用的评估矩阵。

表 4-3 价值影响评估

| 价值 | 受影响的严重程度 | | | | |
|---|---|---|---|---|---|
| | 受影响的规模：无变化 | 受影响的规模：可忽略变化 | 受影响的规模：发生轻微变化 | 受影响的规模：发生中度变化 | 受影响的规模：发生重大变化 |
| 很高 | 无害无益 | 轻微 | 适中 / 较大 | 较大 / 非常大 | 非常大 |
| 高 | 无害无益 | 轻微 | 轻微 / 适中 | 适中 / 较大 | 较大 / 非常大 |
| 中 | 无害无益 | 无害无益 / 轻微 | 轻微 | 适中 | 适中 / 较大 |
| 低 | 无害无益 | 无害无益 / 轻微 | 无害无益 / 轻微 | 轻微 | 轻微 / 适中 |
| 可忽略 | 无害无益 | 无害无益 | 无害无益 / 轻微 | 无害无益 / 轻微 | 轻微 |

### 4. 评估报告和结论

乡村文化景观价值影响评估报告应包括乡村文化景观的基本资料，如乡村文化景观历史发展进程、价值体系、保护状况、所处环境、影响范围、边界等全面的资料。此外，描绘评估区域的主要特征，如历史景观等，包括土地类型、景观及文化遗产的现存历史要素等，既要关注到重点受影响的区域景观，也要有对乡村文化景观整体的描述。景观整体和个别主要构成要素的状况、物理特征、景观敏感视点、与乡村文化景观相关的非物质内容等介绍也不能缺失。

评估完成后，出具改变对价值造成影响的清晰说明等评估结果的文字论述，还可佐以表格、必要的图片来进行汇总报告。此外，还要给出评估过程中非技术性的概要，以及影响评估报告的日期、负责制定评估报告的参与团队成员姓名或组织机构名称，最后提出解决影响问题的有关建议。

### 5. 解决影响问题的建议

乡村文化景观是一系列文化现象和自然的综合体，蕴含着遗产价值、生态价值、社会文化价值、经济价值，支撑着地方人们的生活需求，提供相应的资源、生态基础设施、开放空间等。在进行乡村文化景观价值影响评估中，不同学科领域开展的价值影响评估具有很大的借鉴意义，多学科的评估比起单一学科支撑的评估能够让人更好地理解和认知乡村文化景观。因此，评估需要借鉴其他学科的研究思路、方法和途径，根据评估对象的不同，汲取相关的理论与方法，使评估体系更具有兼容性和适用性。

未来中国乡村文化景观价值影响评估应被纳入更广视野的国土空间管理规划中，从城乡发展的整体角度保护乡村文化景观价值，加强乡村文化景观价值影响评估的多元合作机制。放眼全球，乡村文化景观价值影响评估应积极探讨国际价值影响评估与本土特色相衔接的嵌入路径，推动国际乡村文化景观价值影响评估发展，促进乡村文化景观的可持续发展，保护民族文化多样性。

## 4.4 乡村文化景观保护与绿色发展

### 4.4.1 碳中和目标下的乡村文化景观可持续利用

乡村地区具有丰富的碳汇资源，林地与耕地是乡村主要的土地生态系统，带来较高的生态系统服务价值。我国传统文化始终倡导天人合一，充分尊重自然与土地，形成了高度适应自然和可持续发展的"三生空间"体系。传统乡村结构、农业生产和生活方式对维系乡村低碳生活和乡村可持续发展意义重大。梯田种植、桑基鱼塘、稻鱼共生、坎儿井、淤地坝以及农林复合等系统作为传统乡村生态智慧下的重要产物，既保证了作物的正常生长，又充分利用自然和土地的既有条件，是自然友好、可循环生产方式的典范。为了营造舒适的居住环境和方便日常劳作，乡村聚落在选址、布局以及建筑艺术上都充分体现了人们敬畏自然的心理，融入传统民俗等文化内容，形成了自然环境、生产劳作和人文交往的有机统一体，是传统聚落生态智慧的生动阐释。

要实现乡村文化景观的可持续利用，应在景观规划设计中引入低碳经济理念，对乡村环境进行综合整治。所谓低碳经济，是指通过实施技术、制度、产业的创新与升级转型的举措，探索可循环利用的新能源，从而减少对不可再生资源（煤炭、石油等）的使用，降低温室气体排放量，推动生态环保工作的有效实施。乡村振兴战略包括人与自然和谐共生、推进农业绿色发展、生态宜居等内容，这实际上也体现了低碳经济的内涵。在实现国家碳达峰与碳中和战略背景下，低碳乡村建设对于减少碳排放有着至关重要的作用。乡村地区广泛分布着大量农田、水系干流及支流和丰富的林地等自然与人工共同营造的生态系统，其能提供的生态系统服务是实现碳中和的重要手段。生产性景观（如农田、果园、鱼塘）作为乡村文化景观的重要组成部分，承载了农业经济价值。因此，乡村文化景观的重塑与可持续利用对于整个农业生态循环系统的构建起到了至关重要的作用。

实现乡村文化景观可持续利用与碳达峰、碳中和目标主要有实践与法规两类路径。在乡村人居环境方面应建立宅院与环境的适应关系、实现村民的认知更新并充分利用乡村中的可再生能源的低碳性，让公众参与到低碳经济的实行中，并参与到景观规划中。国家层面上，将风景特质评价、营造和保育工作提升至法律高度，形成权责分明、相互衔接的景观制度，更好支持"美丽中国"建设。立法方面，应清点景观资源并开展覆盖国土空间的风景特质评价，对特色鲜明的资源进行梳理，统筹开展跨区域景观协同发展，推进景观可持续发展与国家中长期发展目标的衔接。

## 4.4.2 乡村文化景观与绿色生产

绿色生产作为一种新型、可持续的生产方式，不仅可以提高生产效率及农产品质量，而且可以改善乡村生态环境，提高农业资源利用率，带动乡村其他产业的发展，对乡村文化景观的生产空间、生活空间、生态空间及文化空间等均产生重要影响。

乡村生产空间作为一个典型的人地关系地域系统，是以"人"为核心的乡村多元主体相互竞争与合作、开展各种生产经营活动、建立复杂的社会关系，作用于以"地"为核心的乡村生产空间客体，进而形成具有一定结构形态和功能组合机制的空间集合体，其人地相互作用的结果可以通过功能进行表征。传统乡村生产空间中过量化肥、农药的使用改变了土壤结构，破坏了自然生态系统平衡，影响了原有乡村文化景观；生产效率及效益低下，产业单一，村民收益较低等问题使得农业休闲旅游及生态保育功能未能得到很好体现。乡村绿色生产这种亲近自然、保护生态、重视环境的农业生产方式要求乡村生产空间功能更加多元化，在满足社会需求多样性的同时，也满足土地利用的多宜性，使得乡村生产空间具有更好的农业生产功能、休闲旅游功能和生态保育功能。绿色生产通过科技创新驱动发展，随着科学技术的进步，管理手段的升级，农业生产能力大幅提升；通过推进农业与旅游、文化、康养等产业融合发展，因地制宜，挖掘乡村特色资源，形成一村一特色、一村一景色的乡村风貌，将乡村得天独厚的自然资源优势转化为生态经济优势，给游客带来更简易、更便捷的农耕体验，更和谐、更美好的田园感受；通过优化生产结构，构建高效节约的生产系统，辅以污染耕地治理、白色污染治理、农药化肥减量增效等手段，乡村生产空间的生态保育功能得以改善提升。

乡村文化空间是乡村物质文化与精神文化得以传承和发扬的特定场所，具有时间性与空间性两个特征。它历经时空演变，在空间层面表现出文化节点、文化轴线与文化域面三种要素。传统乡村文化空间主要存在主体缺失、乡村空心化蔓延的情况，导致乡村文化空间建设主体和践行主体缺失，传统乡村文化难以继承和延续的问题。绿色生产在推进乡村生活空间优化的同时，把美丽乡村、特色小镇等工程与乡村文化空间建设相融合，把美丽乡村建设、村庄绿化、农村无害化厕所建设等民生工程都纳入文化空间范畴；在乡村形象展示设计上将文化元素融于其中，营造出温暖、熟悉、亲近的体验空间，成为乡村文化的有机组成部分，实现文化空间建设目标；在绿色生产框架下，结合当地特色，将乡村文化空间建设与依托地域乡村文化、民俗风情和乡村田园风光的乡村旅游有机融合，促进乡村文化空间建设和乡村产业发展的良性互动。

相关措施如下。

### 1. 国家层面

开展绿色生产技术推广和培训。政府发挥组织领导作用，联合当地科技企业、高等院校、相关管理部门、志愿服务人群等向农村地区进行绿色生产技术推广和教育培训，培养农户绿色生产观念，结合建立乡村绿色生产示范区等方式提高农户对绿色生产的认知水平，进而提高农户绿色生产意愿。

构建绿色生产的资金供给体系。加大对绿色生产的财政补贴力度，增加绿色农资供给，结合政府补贴提供优惠的购买政策，降低农户参与绿色生产的经济成本；

制定合理的关于绿色生产的农户奖励机制，为农户提供直接生产补贴，并且在生产后环节，保障绿色产品的价格及销售渠道，进而提高农户参与绿色生产的积极性与可持续性。

加强绿色生产相关政策宣传。拓宽宣传渠道、丰富宣传形式，面对农户文化程度较低、中老年人比例较高等特点，选用广播、电视等方式开展宣传活动；发挥基层组织协调能力，加强对绿色生产的宣传，推进绿色生产的发展。

**2. 地方层面**

第一，提高农业资源保护利用率与可持续发展能力。落实耕地保护制度，守住耕地保护红线，严禁非法破坏农业资源的行为；推进绿色生产方式实施，采取秸秆还田、农家肥还田的举措，增加土壤有机质；实行水肥一体化、滴灌等施肥方式及节水灌溉模式。

第二，提升农业资源污染防治能力，改善乡村生产空间环境。推动粪肥还田利用，实行绿色防控，减少化肥、农药使用量，增加优质绿色产品供给；合理处置肥料包装，促进秸秆肥料化、饲料化、燃料化，实现废弃物循环综合利用。

构造绿色生产农业产业链，提升乡村文化景观效益与竞争力。实行绿色产品、有机食品认证管理，提高绿色产品市场认可度；以绿色为导向，推动旅游业、手工业等其他产业发展，带动乡村多产业绿色升级。

## 4.4.3 乡村文化景观与绿色生活

"绿色发展"、"生态文明"、"气候变化"、"碳中和"、"美丽中国"、"乡村振兴"、"绿色消费"等是当前乡村与绿色生活研究的关键词。见图4-3。

近年来，我国政府大力倡导绿色生活方式，"绿色生活"成为建设美丽中国的重要抓手。每年相关政府文件的陆续颁布意味着"绿色生活"已然是全社会重点关注的问题，同时也是各级政府需要努力落实的重点工作内容。倡导"绿色生活"对形成勤俭节约、绿色低碳、文明健康的生活方式有积极作用，是促进和维持人与自

图 4-3　乡村与绿色生活关键词共现图（Citespace 5.7）
（图片来源：张青青绘制）

然和谐相处的必然选择。2011年12月15日，由国务院印发的政策文件《国家环境保护"十二五"规划》中提出："推进绿色创建活动，倡导绿色生产、生活方式"，这是绿色生产、生活方式首次正式出现在国家层面政策文件上。2015年发布的《环境保护部关于加快推动生活方式绿色化的实施意见》中指出："到2020年，生态文明价值理念在全社会得到推行，全民生活方式绿色化的理念明显加强，生活方式绿色化的政策法规体系初步建立，公众践行绿色生活的内在动力不断增强，社会绿色产品服务快捷便利，公众绿色生活方式的习惯基本养成，最终全社会实现生活方式和消费模式向勤俭节约、绿色低碳、文明健康的方向转变，形成人人、事事、时时崇尚生态文明的社会新风尚。"另外，在《关于促进绿色消费的指导意见》《国务院关于印发"十三五"国家信息化规划的通知》《公民生态环境行为规范（试行）》《关于加快推进生态文明建设的意见》等政策文本中均有提到绿色生活的相关内容。

对绿色生活政策文本进行关键词提取，可以发现"减少能源消耗"、"文明"、"环保意识"、"购买绿色产品"、"勤俭节约"、"主动采取对环境有益的行为"

以及"减少对环境的直接破坏"等关键词的出现频率较高,环境角度与人文角度是"绿色生活"内涵挖掘的两个重要视角。从环境角度看,绿色生活是对自然环境、社会环境的友好促进行为,是具备促进社会可持续发展、维护生物多样性、正向引导社会价值观、加强社会凝聚力、增强文化自信等功能的生活方式及社会行为,如节约资源、绿色低碳等。从人文角度看,则侧重个人的修养及品质的提升,可以加强自身道德修养,树立合理的消费理念、正确的价值观以及养成有益于身心健康的生活习惯和生活方式。"绿色生活"政策的落实,将会在自然、社会、经济、人文等方面起到良好的引导作用。

建设生态宜居的美丽乡村,解决乡村突出的生态环境问题,是推动我国生态文明建设不可或缺的一部分。2014年《全国土壤污染状况调查公报》数据显示,全国土壤总的超标率为16.1%,其中耕地土壤点位超标率为19.4%。我国农业生产过程中存在过量使用农药、化肥的情况,造成乡村环境污染严重,不仅不利于绿色产品质量的提升,而且会对农业生态系统造成难以修复的破坏。2016年我国耕地平均质量等别为9.96等,其中优等地面积占2.9%,高等地面积占26.59%,中等地面积占52.72%,低等地面积占17.79%。化肥农药的不当使用,加之人口增长与经济发展对土地资源的压力越来越大,导致土壤质量有下降与退化的趋势。所以,乡村中的生态环境问题仍然是需要关注的重点方向。养成绿色生活方式是在当今乡村文化景观中推进绿色生活的有效途径。虽然近年来我国在乡村绿色生活方式的构建上取得了一些进展,但仍然存在一些亟待解决的问题。比如,与乡村绿色生活概念相关的具体行为实践指南较少,尚未形成完善的方法论体系。虽然绿色发展已经上升至国家政策层面,但是各地还应因地制宜、科学论证,结合地方实际,突出地方特色。其次,在乡村振兴的大背景下,绿色发展制度在不断加强和完善,但部分乡村在资源要素、产业发展、农业废弃物资源化利用方面存在绿色金融相关制度不健全甚至缺位的问题,很难对推广绿色生活方式、扩大其影响力起到激励作用。

文化建设是凸显乡村文化景观文化特征、增强文化认同的重要环节,对于乡村和谐、平稳发展具有引导作用。但部分乡镇政府存在对于文化建设相关内容理解有偏差、不够重视等问题，导致文化建设落实不到位，甚至造成乡村文化流失或破坏。此外，在乡村文化建设过程中还面临部分需要改善的问题。其一，存在乡村文化弱化现象。由于城镇化的快速发展，乡镇之间出现大范围的集中合并现象，破坏了原有"多元散点"的乡村地区分布特点，引发了乡村发展模式同质化问题，冲击了原有社会结构以及文化，造成乡村文化多样性衰退。其二，乡村文化建设工作相对滞后。乡村中存在非物质文化遗产传承人后继无人的窘况，人才流失、乡村空心化进而可能引发乡村基础劳动力紧缺。如此循环下去，必然会导致乡村文化衰退、文化认同降低甚至消失。文化自信是一个民族、一个国家以及一个政党对自身文化价值的充分肯定和积极践行，并对其文化的生命力持有坚定信心。乡村是现代化的根底，是人类共有的文化根脉，乡村文化是城市文化的根底，它具有极为广泛的群众基础，承载着乡音、乡土、乡情、质朴的生活方式以及传统的价值观，在民族心理和文化传承中有着独特的地位。将绿色生活融入乡村文化景观中，融入乡村文化建设中，有利于具有特色的美丽中国的建设。

越来越多的绿色生活相关政策，对乡村文化景观健康发展起到了全局性、系统性指导作用。而要做到精准把握、严格落实，真正把绿色生产方式融入乡村文化景观、让绿色生活理念深入人心，可从以下几个层面考虑绿色生活导向下的乡村文化景观发展。

### 1. 完善乡村绿色生活导向下的相关法律制度

实现乡村文化景观中的绿色生活方式的转型，必须把落实相关法律制度作为根本保障，从法律层面确认绿色生活的必要性，使绿色生活倡导具有约束性和规范性，推动其落实、完善、强化。党的十九届四中全会通过的《中共中央关于坚持和完善中国特色社会主义制度　推进国家治理体系和治理能力现代化若干重大问题的决定》指出，要"完善绿色生产和消费的法律制度和政策导向"，强调了推动形成绿色生产生活方式需要生态法律制度的支撑和保障。

### 2. 提高乡村主体的自律能力及绿色生活意识

村民处于绿色生活方式落实的主体位置，只有提高主体的自律能力，增强村民绿色生活、生态文明理念，引导村民树立环保意识，才能实现乡村文化景观的绿色发展。对于提高乡村主体自律能力及绿色生活意识，有以下三个方面的建议：第一，开展宣传教育工作，利用互联网、报纸等媒介进行普法教育与宣传动员，引导村民形成绿色生活价值观，进而促使村民意识到自身主体地位的重要性，增强其责任感。第二，政府部门充分发挥引导和领导作用，通过政策制定、宣传及实施，让村民在思想上认识到人与自然的辩证关系，引导村民自觉选择绿色生活方式，接受并形成良好的生活习惯。第三，践行绿色生活方式。个人理念转变以及自身自律自觉的选择仅是基础，若要全面践行绿色生活方式，必须在全社会加强对绿色生活方式的推广，构建生态文明建设全民行动体系，使绿色生活方式真正成为村民生活常态，让绿色生活成为普遍认可的落实落地的行为模式。

### 3. 提升乡村文化认同

文化是一个民族的精神支柱，是一个民族赖以生存和发展的内在根基，是团结人民、凝聚力量的纽带。在乡村文化景观的建设过程中，乡村文化建设十分重要且必不可少。第一，完善文化基础设施建设。文化建设不是单纯地提取历史文化符号，而应该精准调查研究，掌握乡村的精神文明建设历史进程、社会关系、社会结构、村民生活习惯及历史文化进程中的重要节点。第二，深入挖掘传统乡村文化中的思想观念、人文精神，发挥优秀传统价值在凝聚人心、淳化民风中的重要作用。将先进的技术手段和数字媒介应用于传统文化的保护与传播，推动乡村文化建设。第三，宣扬优秀乡村文化景观文化内涵，提高并强化村民对乡村文化的认同，提升乡村凝聚力，为改善乡村人才流失、文化衰退筑牢思想基础。

# 5 流域水网影响下的乡村文化景观保护实践

## ——汉水流域长渠乡村文化景观整体保护研究

- 汉水流域的农耕活动与治水思想
- 长渠乡村文化景观价值与特质
- 长渠乡村文化景观整体保护方法

## 5.1 汉水流域的农耕活动与治水思想

自古以来，人类聚居地的发展与流域的自然资源条件密不可分。黄河流域、长江流域、淮河流域和汉水流域共同孕育了华夏文明。关于华夏文明的衍生与发展，张良皋认为古代巴域——巴人活动的区域，是华夏文明的发源地，其中心就在汉水中游的湖北省郧县（今郧阳区）、竹山一带。汉水流域众多历史遗存也表明其在华夏文明发展史中的重要地位。汉水流域早期最具代表性的城市文明以屈家岭文化为代表，这一历史时期的城市水系规划强调"治水"，与城背溪、大溪等文化时期灌溉系统的萌芽期相比，这一历史时期不仅关注稻田灌溉措施，还以完善的排水系统保护聚落发展，因此在屈家岭时期便为汉水连城的空间格局形成奠定了坚实的基础。到了春秋时期，沔水（今汉水）一带逐步出现了邓、唐、随、鄀等古国，流域农业发展迅速，以水稻田耕作为主；而到了战国时期，燕、赵、秦、魏、齐、韩、蜀、楚、越多国抗衡的格局逐渐形成，各地注重防御工事的修筑，城址自身的布局逐渐发生变化，部分城壕与河道相连，且诸多古国具有水关，这反映出汉水流域古国治水、用水的先进水平。从先秦时期汉水流域古国的发展脉络不难看出，其治水过程经历了防洪、灌溉、军事防御 3 个功能的不断完善，流域古国依托汉水资源形成了联合城邦，并伴随着流域农业的发展而不断发展。

### 5.1.1 汉水流域农耕活动与水利灌溉系统的演变历程

丰富多样的水网系统与多元的地理环境促使汉水流域内部孕育着与山水环境融合的人类聚落。丹江口以上为汉水上游，是一个多山的地区，山间盆地散布其间，河道狭窄但稳定。上游聚落选址一般位于被山环抱的盆地区，或者坡度较缓的山腰和山脚，耕作方式以旱作为主，河谷盆地为水旱兼作区；从丹江口至钟祥市为汉水中游，主要由随枣走廊、襄宜平原与南阳盆地三个地理单元构成，整体为平原与低山丘陵，耕作方式主要为水旱兼作；汉水下游以武汉市为终点，主要是平原区域，地势低洼，水网密布，其耕作方式主要为垸田，以渔业发展为主。中下游因洪水期冲刷剧烈，历史上河床迁徙变化频繁，城镇聚落多建于地势平坦、避水的地方。

先秦至南北朝时期，汉水中上游河谷逐渐形成，汉水干流水量较大，下游地势低洼、洪水频发，河道一直处于游荡状态，频繁变迁。汉水中上游地带早于下游地带出现人类活动迹象，当时的人们以原始农业活动为主，并尝试修建基础的水利设施灌溉农田。

隋唐至北宋中期，随着"畲田"农业的扩大，水利设施荒废，农耕活动开始向低山丘陵地带推进。随着人们对土地的过度开发，土地利用方式趋于单一，森林生态系统、水文条件逐渐恶化，下游平原地带水患频率大幅提高，农业活动仍旧受限。

元至明初，外省移民开始涌入，人们针对中下游洪泛问题修建河湖堤防，修复水利工程，使水环境相对稳定。人们利用中下游水网特点建造大面积水田、垸田，一方面得以泄洪排水，另一方面也提高了粮食产量；上游山地地区部分森林系统被替换为梯田种植系统，人们以此来节省用水、加大储水量并有效利用地理环境。此时期，流域内部逐渐形成极具特色的多样农耕体系。

明清至民国时期，自然水旱灾害发生频率不断增高，中下游堤防、垸田的无序扩张，使下游平原地区水系淤堵、紊乱，洪涝灾害增多。其间，外地移民与本地居民开始向人口稀少的上游山地转移，他们大量开垦梯田，促使农耕系统与水利灌溉系统共同发展。

## 5.1.2 汉水流域农耕活动与水利灌溉系统的发展特征

### 1. 人口迁移影响

汉水流域全域自先秦时期至明清时期，均有大规模的人口迁移活动，为流域内的生产技术发展和多元文化交流带来了动力。在此过程中，中原文化、巴蜀文化和秦陇文化与本土的楚文化相融合，促使汉水流域成为南北荟萃、五方杂处的文化交流中心，并留下丰富的农业文化遗产。元至明初，本地人口的增长和外来人口的迁入激活了汉水上游的农业发展。南方技术的引入促使上游地区人们的农业活动从普通旱作转变为梯田稻作，从而激发了水利灌溉设施的兴建，水渠和堰塘增多。得益于愈发成熟的水利技术，中下游堤防系统与垸田系统也不断完善扩大。

### 2. 水利系统建设

重要区域的水利设施会因自然或人为灾害而消失、荒废，但其历史发展具有一定的连续性，农业生产活动不断激活水利灌溉设施的建设与利用，从而促进农业系统的可持续发展。五代十国时期，高季兴就开始兴修汉江防护堤，宋代在汉水两岸兴修堤防系统，元末明初因战乱堤防系统被毁，明朝政权稳定后又大规模修筑堤坝。明清时期沔阳也修筑了许多大堤，经过清朝前期百余年的经营，大约到乾隆后期，汉江干河南北大堤基本连成一线。汉水中下游的堤防系统在历史上是逐渐完善的，由分段而设到堤防相连，最后形成一个庞大的堤防系统。

人们为了更好地适应和利用自然环境，不断地调整与创新农耕方式，尤其是汉水中下游地区，受水环境影响较大，为了能够适应水道变更、抵御洪水等自然灾害，人们的农耕活动始终围绕着治水、用水展开，最终形成了具有江汉平原地域特色的垸田系统。汉水上游多山地丘陵，河道被山势所束，人们依托山体开垦梯田，水利设施多为顺山而置的水渠和堰塘，用来储水、引洪和灌溉农田。汉水中下游平地居多，曲流交错，水灾频发，故通过筑堤、围田来防止汛期洪灾。这也使得汉水流域形成了丰富的乡村文化景观，它们蕴含的不同的农耕系统与水利灌溉系统不仅展现了多元的遗产价值，也展现了地域独特的文化多样性与生物多样性特征。

## 5.2 长渠乡村文化景观价值与特质

### 5.2.1 相关遗产概念解析

农业文化遗产关注人类在历史时期农业生产活动中所创造的以物质或非物质形态存在的各种技术与知识集成，主要包括农业遗址、农业工程、农业景观等 10 种类型，相关系统具有丰富的农业生物多样性、传统知识与技术体系以及独特的生态与文化景观等，对我国农业文化传承、农业可持续发展和农业功能拓展具有重要的科学价值和实践意义。

灌溉工程遗产，包括水利工程、水工建筑物、水力机具、水运设施，以及与水利工程或水利活动相关联的工程管理设施和法规制度、碑刻、科学思想、神话传说、宗教建筑、祭祀仪式、文献典籍等。它们为农业生计、工程设计等方面的发展做出重大贡献，同时具有文化传统或文明的烙印，是可持续性运营管理的经典范例。

水利型农业遗产具有农业文化遗产与灌溉工程遗产的共同特征，指人类与其所处环境长期协同发展的过程中，所形成的以农业生产为主导的独特的农业灌溉系统和农业景观，以及碑刻铭文、文献典籍、历史故事等其他相关遗产。其中，农业灌溉系统包括水利工程系统、水利工程技术和水资源管理系统；农业景观则包含水利系统景观、农田景观、作物景观。这些系统和景观具有丰富的生物多样性与文化多样性，可以满足当地社会经济与文化发展的需要，有利于促进区域可持续发展（图 5-1）。

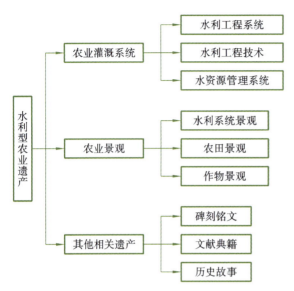

图 5-1 水利型农业遗产概念框架
（图片来源：方丹绘制）

## 5.2.2 长渠乡村文化景观重要价值

长渠乡村文化景观是以长渠的陂渠串联系统为核心的农业系统，其作为汉水流域重要的水利型农业遗产，核心价值特征表现在其兼具水利工程与农业属性。根据长渠乡村文化景观本身的发展特性进行基础要素与特殊要素梳理，结合联合国粮食及农业组织对全球重要农业文化遗产项目、世界灌溉遗产 (World Heritage Irrigation Structures) 等相关遗产的定义与解释，筛选出长渠价值初步评估指标：历史文化价值、科学技术价值、区域发展价值和生态环境价值（表 5-1）。

表 5-1 长渠价值评价体系

| 价值指标 | 主要分析内容 |
| --- | --- |
| 历史文化价值 | 遗产的建设、修缮和运用等演变过程；与历史上重要人物和事件的关系；精神信仰和相关构筑物；工程纪事和文献档案；包含古迹、遗迹，或可能有的潜在的遗址；与当地历史社会发展密切相关 |

续表

| 价值指标 | 主要分析内容 |
|---|---|
| 科学技术价值 | 从自然地理、军事、政治等角度表现出选址的科学性；规划布局的科学性、合理性；代表某一历史时期的科技水平，并具有一定的传播和传承价值，有明显的价值地位 |
| 区域发展价值 | 与遗产地社会、经济发展的关联性；遗产是否具有休闲观光、体验娱乐价值及遗产保护、传承对大众、社会产生的影响；大众对于遗产所表征的文化或精神价值产生的文化认同或大众的情感归宿 |
| 生态环境价值 | 对于保护生物多样性、维持生态系统平衡的价值与意义 |

## 1. 历史文化价值

历史文化价值反映了一个区域内人类文明演进的历史过程。长渠始建于公元前 279 年，距今已有两千多年的历史。长渠是我国古代兴建极早的伟大的水利工程之一，是湖北省首个世界灌溉工程遗产。从建成经历汉唐至宋元时期，从军事进攻渠道转变为农田灌溉渠道，长渠得到了持久的维护和修复，长渠发展成为我国古代重要的灌溉渠系之一，在中国水利发展史上占有重要的地位。明清时期由于南漳、宜城用水纠纷，长渠曾断流 130 多年，新中国成立后于 1953 年重修，此后又经历了大小 10 次维护和修复工作，现在仍旧是襄宜平原极其重要的农业灌溉水渠。

在两千多年的历史长河里，许多留存下来的文献记载了长渠悠久的历史文化。在北魏郦道元所撰的《水经注》中，描述了长渠的建造起始以及初始的行经路线。此后在《宋史·河渠志》中，记载了两宋时期长渠的 5 次重修过程和相关督修、经费、劳力筹集、效益等修复时的细节。曾巩在《元丰类稿》的《襄州宜城县长渠记》中记载了长渠的历史发展和北宋至和二年（1055 年）宜城县令孙永重修长、木二渠的事迹。孙永还制定了长渠灌溉用水管理制度，以防止各方百姓争抢水源。长渠曾于抗日战争时期一度以爱国将领张自忠将军的名号为名，称为荩忱渠。

长渠作为一条历经两千多年历史的活态遗产见证了历史的发展演变，是一条串联历史与现代、精神传递、文化传承的重要纽带，长渠遗产的保护和发展有利于增强居民历史认同感和自豪感，最大限度地传承发扬遗产的文化价值。

### 2. 科学技术价值

科学技术价值主要反映在长渠的陂渠串联系统的生态性、实践性、工程性等多方面。我国南方地区以山区丘陵居多，水利工程形式以陂塘蓄水工程为主，华北平原地势平坦，水利灌溉工程大多是截引河流作为水源的水网渠系工程，南北之间淮水（今淮河）流域水利工程结合两者特点而出现的形式为陂渠串联。陂渠串联的水利形式可以概括为：利用渠道连通周边距离较近的陂塘，集中陂塘水源，统筹管理整个灌区的灌溉用水。在农忙时节，依据不同时期灌溉用水量，确定开放的陂塘的位置和数量，以此保证整个灌区的用水，提高灌区的灌溉保证率。白起渠（今长渠）是春秋战国时期农田水利技术陂渠串联灌溉形式的典型代表。《水经注·沔水》中记载白起渠"立碣"、"壅水"、"筑巨堰"的兴建之术；"后人因其渠流，以结陂田。城西陂谓之新陂，覆地数十顷。西北又为土门陂，从平路渠以北，木兰桥以南，西极土门山，东跨大道，水流周通"。"其水又东出城，东注臭池。臭池灌田，陂水散流，又入朱湖陂，朱湖陂亦下灌诸田，余水又下入木里沟"。可见北魏白起渠灌区就已形成陂渠串联的形式。宋人郑獬总结的"通旧陂四十有九，渺然相属"描绘了宋代木渠沿岸陂渠串联的盛况。由于陂渠串联水利系统相对任何同等效益的单一形式的水利工程而言，具有减少工程量、设施简便、节省投资以及通过蓄、引、提结合节水、保收等优点，特别是对解决山区、岗地、丘陵地区的用水问题更具有切实可行性，"陂渠串联"水利形式的经验得以在各地推广，为解决山区、岗地、丘陵地区的用水问题提供了切实可行的方式。

### 3. 区域发展价值

区域发展价值主要体现在长渠乡村文化景观整体对农业发展的重要贡献与持续推动作用。后汉时，汉南郡太守王宠凿木里沟，木里沟与白起渠同在宜城西山引蛮水（今蛮河），一同汇入汉水。二渠一南一北，灌溉面积达 3700 公顷，木里沟后被称为木渠。长渠和木渠在区域农业经济发展史中作用显著，在整个农业发展的历史上也影响深远。据《郧溪集》记载，曹魏时期，夷王梅敷兄弟在襄宜一带聚集了万余家民众，长渠、木渠灌区被称为"天下膏腴"之地。北宋时期长渠、木渠灌区是当时重要的商品粮供应地，居民足食甘饮。南宋时期，宋金对峙，襄宜一带成为边防要地，出于保卫边防的军事政治需要，对长渠进行了三次维修，并且将长渠附近作为军事屯田，扩展长渠灌区的农田面积。军事屯田的发展促进了灌区的农业发展。现今，人们结合现代技术与传统生态智慧，使长渠农田灌溉面积达 20000 公顷，在区域农业发展中持续运作，推动区域可持续发展。长渠沿岸风景资源较好，具有休闲观光、体验娱乐的价值，人们沿干渠两侧进行用地规划，维护农田开阔的风景，促进长渠多功能发展。同时，长渠遗产保护和合理的开发利用有效改善着人们的生产生活环境，促进了长渠农业文化传承，增强了当地居民的文化认同感。

### 4. 生态环境价值

生态环境价值体现在以蛮河为主的自然水系、森林湿地系统、农田系统等对于生态环境的修复与维护。长渠乡村文化景观内部具有一条重要的自然水系——蛮河，其周边形成了独特的森林湿地生态环境，为各类动植物提供栖息场所，为人类提供基础资源。在田间、聚落周边分布的森林系统是主要的生态屏障，具有抵御一定程度灾害的能力，并为人们提供重要的生产生活资源。农田系统，作为人工与自然共同作用的重要产物，承载着人们的生产生活活动，是部分动物的主要栖息地。农田系统是核心运作系统，串联着各类系统，使长渠乡村文化景观能够协同运作。长渠乡村文化景观的各个系统之间相互作用，共同创造了良好的生态环境，保护了区域生物多样性特征。例如，渠首的水源涵养林，对区域内整体水源起到了保护作用，净化了水质，周边形成了重要栖息地、聚落区以及独特的渠源风景。

河流系统、森林系统、农田系统更是区域重要的绿色发展基础。长渠的陂渠串联系统荒废和过度利用之时，人们的生产生活质量均会受到极大影响。河流水流量减少、农田荒废、林地面积减少，会直接影响人们的生活环境、用水能力、粮食生计与林业经济等方面。随着人们生态意识的不断增强，人们阶段性地采取控制排污量以达到最优量、大面积恢复杨树与榆树等本地树种的种植、启动耕地轮作等多元生态修复与维护措施，以确保长渠乡村文化景观的可持续性。

## 5.2.3　长渠乡村文化景观风景特质

长渠乡村文化景观的风景特质在于它的历史延续性和风景独特性。

### 1. 历史延续性

长渠乡村文化景观从有史记载至今，在襄宜平原这块肥沃的土地上见证了历史风云变幻，留下了朝代更替的印迹，在历代人们的努力之下，长渠仍旧清波流淌、两岸稻花芬芳。在漫长的历史发展过程中，围绕着长渠的故事也越来越多，伴随着不断的维修、梳理，许多寓意深刻的历史故事和重要人物流传下来。孙叔敖开"云梦大泽"泽润大地、白起"以水代兵"大破鄢城等故事的相关文献记载也不在少数。

在现代三道河水库修建之前，沿干渠、支渠分布的堰塘是长渠乡村文化景观中的主要蓄水设施，其他设施的应用、修建与修复都在原始基础上不断积累着。例如，鲤鱼桥水库，位于宜城市城区西郊，1957 年在古木渠故道的基础上修建。武垱湖水库，位于宜城市郑集镇小胡岗，水库区原址是一片古时的湖泊。

### 2. 风景独特性

（1）陂渠串联系统。

陂渠串联系统构成了长渠乡村文化景观的风景骨架。春秋战国时期，由于铁制器具的推广使用，灌溉渠系大量建造，农田水利技术产生了划时代的新进展，出现了有坝取水、无坝取水、陂塘蓄水、陂渠串联（表 5-2）等取水枢纽工程，长渠就是当时陂渠串联的典型代表。长渠所处区域的独有自然环境，平坦的地势、交错的河网，为长渠的修建奠定了良好的基础。最终，长渠引蛮河水入渠，沟渠连通陂塘，依托自然河流系统，共同形成完整的水利网络，将分散的水源集中起来统筹使用，最终汇入汉水。

表 5-2 长渠遗产系统构成要素

| 遗产类型 | 具体内容 |
| --- | --- |
| 水利工程系统遗产 | 水源工程、渠道本体、陂塘支渠、碑刻、水井、白马寺（无存）、白起塑像（重修）、桥梁、水门遗址 |
| 水利工程技术遗产 | 与古木渠一同引蛮河水，梯级开发，以竹筱石，葺土而为碣，立碣壅水，陂渠串联，形成水网 |
| 管理系统遗产 | 未找到具体文献记载其管理方式 |
| 农业景观 | 水利系统景观、农田景观、作物景观等 |
| 其他相关遗产 | 碑刻铭文、文献典籍、历史故事等 |

对于古长渠干渠经行，光绪《襄阳府志》记载详尽，"界碑头、方家岗入宜城境，经杨家河，西拆黄家林，过王旗营、陈家营、北循候塘营，又西南经姚家湖、吴家湾、三里庙，东至拖锹沟，历艾、黎两姓岗、吴家庙、魏家岗、杨家岗、胡家岗，至枣林、黄家屋场，经赤湖，入汉江"。白起攻打楚国时攻破的城池是古楚鄢都，即今宜城市南的楚皇城，今楚皇城外的赤湖对应《水经注》中记载的朱湖陂。

（2）农田系统。

农田系统是长渠乡村文化景观重要的风景基底。长渠从战渠转变为农渠，源自人们对于生存发展的需求。人们为了生存发展，依据自然环境特征随干渠、支渠开垦农田，形成由陂渠、水系分割串联的格网肌理。后期，人们为了使农业效益最大化，不断地创新发展衍生系统，使农田系统形成自循环体系。在这一过程中，农田面积的扩大、引水形式的增加以及粮食产量的增大都体现出农田系统对于长渠乡村文化景观的重要性。农田系统分布广阔且具有连续性，是人们劳作的结果，也是自然环境与人文环境融合发展的直接产物。农田肌理、鱼塘、作物等各个部分，展现了区域内特殊的风景要素，也展现了人类智慧的应用。

（3）聚落系统。

聚落系统是长渠乡村文化景观重要的风景节点。人们根据水系、农田的位置不断地寻找适宜开展人类生产生活活动的区域，建造居所。长渠乡村文化景观内的聚落类型主要分为两类。①散布田间水系的自然村落。人们考虑到耕田的便捷性与生活的便利性，会首先将居所建造在临近自家田地、靠近水源的地方，从而逐渐形成点状分布的聚落区，体现出人们适应自然的智慧形态。②以武安镇为主的现代化城镇聚落区。随着人们对于生活质量的要求提高，以及出于对农田系统完整性的保护，人们开始寻找能够容纳更多人口、基础设施更为完善的区域构建集体性、现代化的居住区。临近长渠干渠，具有一定发展空间的武安镇片区成为发展中心，形成独立的片状聚落区。武安镇片区的发展将直接影响长渠乡村文化景观的传统风貌。

## 5.2.4 其他遗产资源

其他相关遗产包括碑刻铭文、文献典籍、历史故事等。与长渠相关的历史故事有秦楚鄢郢之战、孙叔敖开凿"云梦大陂"、明清南漳和宜城的用水之争。

与长渠相关的重要碑刻有3处。①"重修武安灵溪堰记"碑，记载的是元大德年间，宜城、南漳两县民众重修武安灵溪堰，由襄阳府立。②"长渠记"碑，宋至和二年（1055年），宜城县令孙永主持修治长渠，时任襄州州官的曾巩，为孙永主持修复长渠一事，补写《襄州宜城县长渠记》，后人勒石记之，现存碑刻是在2002年重刻的。③"奉承宪禁"残碑：明清时期，长渠湮塞，灌溉不行。清嘉庆十二年（1807年）武安镇首士、生员苏光德将潘宪常（湖广督宪）批文以石勒记，此碑刻见证了长渠灌溉史上南漳和宜城长久的用水矛盾。

长渠在今存的古籍中最早见于中唐时期成书的《元和郡县图志》，书中记："长渠在县南二十六里，派引蛮水。昔秦使白起攻楚，引西山谷水两道，争灌鄢城"。这是历史上首次出现"长渠"之名，并能说明长渠就是白起渠的文字记载。之后对于长渠的史籍记载连续不断。北魏郦道元所著《水经注·沔水》在描述夷水（今蛮河）时，对白起引蛮水攻楚，后人因其渠流，以结陂田，进行了较为细致的描写。清初的历史地理学家顾祖禹著《读史方舆纪要》，在书中记载了长渠的地理位置、成因以及功能演变。之后对长渠的文献记载几乎历代有之：《襄州宜城县长渠记》（宋，曾巩），《襄州宜城县木渠记》（宋，郑獬），《重修武安·灵溪二堰记》（元，何文渊），《遵谕查勘车路记》（清，宋瀛海），《长渠碑记》（清，苏光德等），《咏长渠》（唐，胡曾），《灵溪堰诗》（宋，欧阳修），《木渠》（宋，郑獬）等。

长渠工程技术有5个特点。①"立碣"、"壅水"、"筑巨堰"。长渠渠首是有坝引水，通过修筑拦河坝，在坝的上面形成小水库来抬高水位、储蓄水量。②多源引水、梯级开发。木渠是位于南漳县城东、源头在清凉河的一条古渠，其开凿始于春秋战国时期，历代有所变更，其与长渠组成一个灌溉系统。该灌溉系统采用了跨流域调水的办法，通过多源引水以补充水源。长、木二渠是有记载的关于同一水系梯级开发的先例。③"起水门"。水门即斗门、节制闸，可控制流向，调节流量。④"以竹筱石，葺土而为碣"。竹笼工程将分散的卵石聚为一体，不仅能抵御洪水冲击，还能泄流，以适应河床的变化。这是我国古代一项重要的水利技术。⑤陂渠串联水利系统。长渠及其支渠沟通周边大大小小的陂塘，将分散的陂塘水源集中起来，统筹使用。

## 5.3 长渠乡村文化景观整体保护方法

长渠乡村文化景观承担着农业发展与城镇发展的双重任务。长渠乡村文化景观的生态价值、历史文化价值等重要价值是其传承发展的核心。如何利用其重要价值与特征，有效缓解城镇发展与传统水利型农业遗产保护之间的矛盾，是首要任务。现结合场地空间特色、交通网络等，提出要保护长渠遗产本体及其历史环境信息，展现其主要风景特质与遗产价值，以期促进乡村文化景观可持续发展。

## 5.3.1 保护目标

（1）真实、完整地保护长渠乡村文化景观主体及其历史环境信息。

在保护的基础上充分展现其重要价值，如潜在的区域发展价值和生态环境价值，以及特征内涵。

（2）完整地保护长渠乡村文化景观的生态与文化环境。

保护长渠自然水系、灌溉系统、农田系统与聚落系统等独立与整体的环境质量。缓解长渠上游水污染和中下游灌溉的矛盾，改善居民生活环境，提升居民居住体验。

（3）传承、创新长渠乡村文化景观物质与非物质文化遗产。

保护、传承长渠传统知识与文化系统，增强居民对长渠的保护意识与地域认同感，发挥人们的主观能动性。

## 5.3.2 保护依据

### 1. 相关法律

《中华人民共和国文物保护法》（2017年修正本）

《中华人民共和国城乡规划法》（2019年修正本）

《中华人民共和国土地管理法》（2020年）

《中华人民共和国环境保护法》（2014年修订本）

《中华人民共和国建筑法》（2019年修正本）

### 2. 相关规章

《中华人民共和国文物保护法实施条例》（2017年修订本）

《全国重点文物保护单位保护规划编制要求》（2018年修订稿草案）

《历史文化名城名镇名村保护规划编制要求》（2012年试行）

《城市紫线管理办法》（2011年修正本）

《国家考古遗址公园管理办法》（2022年）

《中华人民共和国基本农田保护条例》（2011年修订本）

### 3. 技术标准和规范

《中国文物古迹保护准则》（2015年）

## 5.3.3 保护原则

### 1. 真实性和完整性原则

真实性涉及历史遗产本身原始的信息以及为延续其传统而辩证发展的过程，不仅包括遗产本身，还包括与之密切关系、相互作用的环境。完整性更加偏重于强调空间上的保护概念，注重将遗产和其周围环境作为统一体，环境信息不仅包括地理方面还包括历史、人文等方面的信息。

### 2. 活态保护、发展原则

乡村文化景观历经不同的时代，每个时代的发展过程都在乡村文化景观中留下了印迹，它是时代变迁无声的见证者。长渠现在的形态，是经历历代不断改造、建设和发展才得以保留至今。长渠乡村文化景观在两千多年的历史发展进程中，始终处于动态变化中。要保护长渠乡村文化景观，也要保护长渠乡村文化景观的演变历程。全面了解其变化特征、累积特性，将长渠乡村文化景观的历史特征体现在区域可持续发展规划之中，不断根据发展需求与传统特征进行动态平衡调整。

### 3. 地域保护原则

乡村文化景观离不开人们的生产生活环境，与人类行为密切相关。乡村文化景观承载了社会文化、历史故事和人的生活劳作过程，与人类群体共同构建了属于自身的独特社会结构，使得地脉延伸、文脉延续。人与自然环境、人文环境相互独立又相互作用着，在长久的历史发展进程中共同展现着长渠乡村文化景观的地域特性。保护和利用时应当以发展主体为核心，包括农业系统与水利系统，向周边环境辐射，实现区域性质的本体－环境－社会经济的整体发展。

### 4. 生物多样性原则

乡村文化景观保护与开发利用应当基于生态环境的有序发展。不同区域内人们生产生活活动频率与强度应受到限制，以此减少人们对自然生境的破坏，维护乡村文化景观生物多样性。人们应关注动植物资源的生长规律与恢复期，合理利用生态资源，保护生态系统原生物质循环和能量流动，保证生态系统的健康运转。

## 5.3.4　长渠乡村文化景观保护规划方法与策略

### 1. 长渠乡村文化景观的整体保护策略

长渠乡村文化景观土地变化频繁的区域主要集中在武安镇区域，大部分渠道两侧用地仍旧是农业用地，整体农田面积浮动较小，用地性质较为稳定，环境风貌变化较小。为了长久保持长渠乡村文化景观的传统农业风貌，应当重视其农业景观资源的再利用。

首先，保护规划应当与生态环境相协调，充分尊重当地生物文化多样性特征，减少对生态资源的剥夺，保持生态系统内营养和水的动态循环，维持和保护动植物适宜的生存环境，改善人居环境。其次，根据长渠的分布特点，综合考虑与人类生活空间相邻部分的规划，提升居民居住体验，缓解长渠上游水污染和中下游灌溉的矛盾。

## 2. 长渠乡村文化景观的保护区划策略

长渠乡村文化景观的保护区划综合考虑了世界遗产"原真性"和"完整性"的要求，《中华人民共和国文物保护法实施条例》（2017年修订本）中文物保护单位的区划原则，以及相关遗产类型的保护核心等内容，保证长渠乡村文化景观自然和人文环境的完整性、和谐性与可持续发展。

通过长渠乡村文化景观保护范围的划定，能够提高遗产分级保护的效率和落实程度，同时节省保护成本。结合长渠乡村文化景观各类资源分布和现状评估结果，结合场地地貌、周边视线控制等因素，将保护范围划定为传统灌溉系统保护区和城乡发展控制区。建议在区域边界上设立界桩和标牌，明确保护边界的走向、距离和保护要求，加强重要遗产的识别性。在传统灌溉系统保护区和城乡发展控制区界线上种植乔木林带，形成可视性边界，同时增加风景视觉的层次。

（1）传统灌溉系统保护区。

传统灌溉系统保护区的划定依据：①法律、法规要求及现有的各类保护范围；②城镇用地与长渠干支渠过渡区域的合理性；③长渠农田系统与灌溉系统的安全性、连续性和完整性；④自然边界和道路边界的可变动性与可利用性；⑤人们农耕行为的便捷性与实操性。提出以下建议：

• 渠首重点保护水源森林，注重其生态恢复，现阶段以人工种植的杨树林为主，可增加本地树种如构树、榆树等。

• 水库工程安全保护范围是主坝两端各200米，副坝100米，溢洪道50米。

• 干渠堤岸向两边延展20米范围为重点保护区，邻近村庄城镇的渠段依据实际情况至少延展10米以划定重点保护区，部分民居需要拆除、改造或进行功能置换，留出渠道保护最小空间，保证渠道景观空间的连续性。

• 保护东北部相对完整连续的区域内部的湿地、河流、湖泊、林带、高产农田等重要的生态资源，尽量保持自然连续的生态网络。

• 充分考虑聚落和道路因素，可将重要和典型的历史环境要素纳入建设控制地带。例如，在紧邻306省道的渠道与省道之间设置防护林和双面观赏植物层，通过桥梁连通省道与渠道对岸道路，保护长渠环境的自然性，保证空间的连通性。

传统灌溉系统保护区的主要职能是长渠遗产保护、生态保护与恢复。应当以遗产保护和生态恢复为主。区内严禁取土、堆土、开荒种植、建房以及其他有损长渠的陂渠串联系统的开发建设。区内违规建筑物和构筑物应当逐一拆除。保护范围内或边界植物更多考虑观赏性，尽可能种植当地现有的经济植物，在美化环境的同时还能收获一定的经济效益。

（2）城乡发展控制区。

城乡发展控制区的保护发展对象主要是区域内的其他生态资源，包括重要的农田、湿地、河流与林地等。通过城乡发展控制区的划定，能够保护长渠乡村文化景观的整体风貌，保持自然连续的生态网络。城乡发展控制区应当充分考虑周边风景、河流、村庄、道路等因素，将重要和典型的历史环境要素尽量纳入其中，尤其是对理解遗产的选址、建设及其使用的科学、文化、历史价值十分重要的特征风貌。

城乡发展控制区的划定依据：①长渠在南漳县的灌溉区域；②遗产相关历史环境与自然环境的完整性；③与城市规划道路和村镇发展相协调；④提高区划的可操作性；⑤西南以蛮河为界，北边边界参考长渠灌溉边界，结合道路、水体等实际情况进行划定（图5-2）。提出以下建议：

·以武安镇为中心的缓冲区，内部通达性较好，交通便利，可以结合渠道两侧的空地规划街头小游园，增加空间实用性和趣味性。

·丰富穿过居民区的干渠两侧的上层乔木和下层植被，控制中层植被，保持视线通透性，加强干渠的线性景观向两侧广阔的农业景观的过渡。

·将渠道防护绿化与村庄公共绿化结合，扩大居民活动空间，增加渠道空间的变化，减少对堤岸环境的干扰。

·东部临近省道的居民区应注意对周边农田肌理的保护，拓展、设计空间要与农田景观相协调。

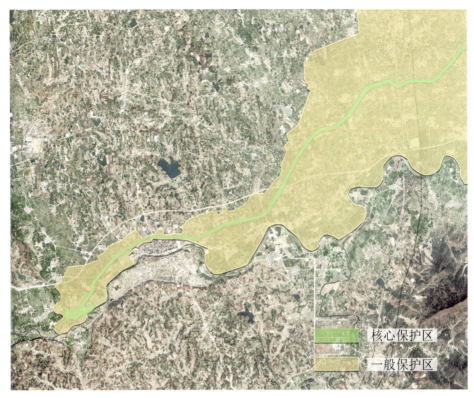

图 5-2  长渠遗产保护区划
（图片来源：方丹绘制）

・保护蛮河河道沿岸的湿地空间，以生态恢复为主，维护河岸天然的线性视觉廊道，促进自然水系与农田形成良好的乡野风景，为灌区及周边区域居民提供休憩的绿色空间。

城乡发展控制区内不得开挖私家鱼塘，以免损伤陂渠串联系统的连通性。原则上内部不再建新房，新建住房应在保护范围之外。如果有必要在区域内修建、新建建筑物，不能破坏原有的风貌，位置选择和建筑形式需要经过相关部门的许可。与遗产保护和发展相关的功能性建筑物可在此区域内存在，例如旅游相关服务性建筑、社区活动场所等。与遗产保护和发展相关的活动可在此区域内进行，例如，展示规划重点，历史遗迹保护解说等。将长渠核心保护区外围发展区作为一个线性的游憩空间，设计游步道的解说系统。解说系统可以有效反映长渠乡村文化景观的民俗风情、与之相关的历史典故、遗产点的历史等内容。为公众提供及时、准确、多样的游步道信息,使游赏过程更加安全愉悦。在游步道的设计上,结合村镇节点空间开展特定主题活动,这些活动通常与游步道的历史文化、风土民情有关,不仅增强公众参与意识,而且有助于提升公众对长渠乡村文化景观的认知。

### 3. 长渠乡村文化景观节点规划建议

对长渠遗产沿线道路进行规划,将长渠遗产展示区划分为:渠首水源保护展示区、渠首文化展示区、农业体验区、风景游赏区(图5-3)。

(1)渠首水源保护展示区。

渠首水库季节性景观丰富,农忙时节上游开闸放水,渠首水库水域浩大。秋冬

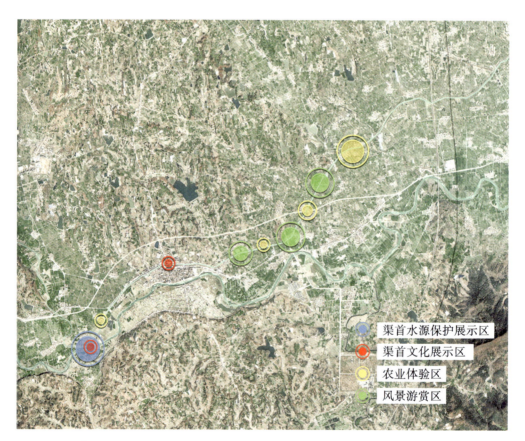

图5-3 展示分区图
(图片来源:方丹绘制)

之际,水位下降,形成湿地滩涂景观,水草丰茂,环境优美。结合长渠渠首工程和水源保护林区进行水源保护展示区规划设计。

(2)渠首文化展示区。

将长渠现有的渠首公园设为一小型院落空间,主要是起办公作用,兼做长渠遗产展示,放置了与长渠相关的碑刻遗迹、白起塑像、档案文献等,可以定期进行科普开放日活动。同时,以现有的公园管理处为基础,建立长渠遗产中心,植入展览游憩功能;利用武安镇中心区域小型过渡空地开展相关科普活动等,拉近当地居民与物质和非物质文化遗产的距离,增强人们的遗产保护意识。

(3)农业体验区。

农业体验区是长渠与邻近村庄相互作用的交接空间,设置为游览休憩空间,以期满足乡村绿色基础设施建设的需求,美化环境,为居民日常游憩提供高质量的活动场所和民俗展示体验、休息游赏区域,丰富长渠沿线游览线路。

(4)风景游赏区。

风景游赏区主要是选取农田风景、森林湿地风景较好的渠段或区域,以感受传统农田风景与自然风光为主,主要针对长渠外围农田区域进行游览线路规划设计。

### 4. 长渠乡村文化景观线性生态空间规划建议

从促进干、支渠渠道的形态多样性、护岸生态性和植被丰富性这三个层面进行全面的渠道生态空间修复。

形态多样性:通过①改善、增强渠道的蜿蜒性;②去除渠底混凝土,改用透水性的材料或是土层夯实;③在渠底重建深槽和浅滩序列;④沿渠森林湿地的恢复,这4个方面来增强渠道的形态多样性,改善渠道生态空间。

护岸生态性:渠道堤岸部分是水陆交界的过渡地带,生态边缘效应明显,应重视渠道堤岸的生态修复。在确保渠道防洪护坡完善和灌溉效益最大化的基础上:①以渠道生态环境保护为核心,遵循师法自然、因地制宜的原则,赋予人工渠道护岸以自然河岸的特性,强调长渠水道的生态功能;②采用多空隙的建筑材料，增加渠道护坡界面的可渗透性，保证堤岸土壤与渠道水体之间的物质和能量的交换；③运用当地的自然材料，结合渠道现状灵活组合，变化结构形态，增大堤岸表面粗糙度，丰富渠道的形状，使得水流具有流速变化，提高水体的自净能力，为更多的水生生物提供多样的生境。

植被丰富性：渠道内外因为过度人工化而使林地退化，植被类型与种植面积减少，应注重增加本土植被类型与面积，提高生态系统适应性。①对林地植物种类逐步更换，以杨树为主，增加构树、榆树等提高生物多样性和景观丰富度；②渠道护坡采用空心植草砖，丰富物种和层次，为生物活动提供多样生境；③注重周边环境的渗透性，保持视线通透和植物景观的野趣；④道路与农田之间的植物种植以防护为重。

将长渠乡村文化景观的保护利用作为一种城镇发展的有效途径，通过对其历史文化保护、公共交通导向、基础设施建设、生态环境改善等领域的研究，将长渠遗产与村镇发展紧密联系起来，为村镇未来发展提供一个富有生机的人居环境。长渠乡村文化景观作为一个动态变化的系统，人们应当定期开展长渠遗产管理活动，负责文化、社会和生态情况的评估和监测，建立有效的监督体系，监测长渠的保护状况，确保各项保护工作的实施。同时，收集民众对长渠的各类提议并公开处理，促进公众参与，为长渠遗产保护和开发提供技术支持等。（图5-4至图5-12）

图5-4　渠首渠道现状
（图片来源：杨涛、方丹绘制）

5 流域水网影响下的乡村文化景观保护实践——汉水流域长渠乡村文化景观整体保护研究　133

图 5-5　第三段渠道现状
（图片来源：杨涛、方丹绘制）

图 5-6　第四段渠道现状
（图片来源：杨涛、方丹绘制）

图 5-7　第五段渠道现状
（图片来源：杨涛、方丹绘制）

图 5-8 第六段渠道现状
（图片来源：杨涛、方丹绘制）

图 5-9 第七段渠道现状
（图片来源：杨涛、方丹绘制）

图 5-10 第八段渠道现状
（图片来源：杨涛、方丹绘制）

图 5-11 第九段渠道现状
（图片来源：杨涛、方丹绘制）

图 5-12 第十段渠道现状
（图片来源：杨涛、方丹绘制）

# 6 保护地乡村文化景观发展实践

## ——基于生物文化多样性评价的西宁群加国家森林公园与群加藏族乡协同发展研究

- 乡村文化景观与保护地关系
- 生物文化多样性概述
- 群加藏族乡生物文化多样性评价
- 群加国家森林公园与群加藏族乡区域协同发展建议

## 6.1 乡村文化景观与保护地关系

20世纪以来，随着环境问题日益显著，乡村地区城镇化加速，乡村文化景观出现同质化现象。20世纪80年代初，我国保护地的规模、类型、区位、所有者、管理者以及保护对象呈现出多元发展的特征。2017年后，我国保护地开始系统性发展，保护地与乡村文化景观之间的研究对象也逐渐产生一定交叉，研究探讨的问题逐步趋于如何缓解保护地生态保护与乡村社区生活发展之间的矛盾。人们意识到文化属性对于自然属性生成和发展的重要性，尝试关注人、群体、社区与研究本体之间的相互关系。当下正值我国保护地体系构建的重要时期，如何正确处理具有乡村文化景观属性的保护地与相关社区之间的矛盾，立足社区发展现状，挖掘保护地文化与自然属性，分级、分层识别保护地风景特质，形成保护地与社区协同发展模式，是认知、保护保护地生态系统原真性、整体性的重要步骤，更是促进乡村地区人地关系协同发展，维护人类社会可持续发展的关键环节。

随着保护地建设体制的日趋完善，乡村多元文化与保护地自然资源保护之间的协同发展问题日益受到关注。人们意识到乡村文化景观所携带的独特文化是相关自然保护地重要的组成部分，不能将自然与文化完全割裂。在历史发展进程中，乡村文化景观呈现出原始自然风貌与农耕活动、历史文化、宗教信仰之间持续地相互作用和融合发展的动态平衡关系。而在与乡村文化景观具有包含或被包含关系的保护地上，不断产生了有效的社会经济活动，这类人类活动是自然保护地可持续发展的重要支撑。乡村文化景观蕴含的原住民传统智慧和经验也在应对气候变化等方面有效增强了保护地的适应性和韧性。

目前我国大力推行"乡村振兴"、"美丽乡村"、"数字乡村"等政策，乡村振兴与乡村文化景观的可持续发展密不可分。同时，我国也处于保护地管理体制建立健全的重要阶段，强调生态保护的同时着重解决乡村社区发展与自然环境保护之间的矛盾，承认文化对自然保护地可持续发展的重要性。鉴于乡村文化景观与保护地展现出的独特生物文化多样性特征，本研究在探讨乡村文化景观与保护地相关关系与协同发展的同时，逐渐将保护生物多样性与人们对文化多样性的理解与保护综合应用，尤其是当地居民给予的情感反馈。结合现有研究、多人群认知、支持政策等内容，尝试分析生物文化多样性的时空分布特征，识别自然保护地与周边社区的整体关系，为乡村文化景观与保护地协同发展探索新的路径。

## 6.2 生物文化多样性概述

### 6.2.1 生物文化多样性的内涵

1991年，世界自然保护联盟"关怀地球"策略指出，包括历史发展进程中的人类社会在内，所有物种都是地球生物群落的组成部分。这些包含着生物多样性与文化多样性的群落将人类与自然环境联系在一起。联合国教科文组织在《全球语言、文化和生物多样性》中首次提出"生物文化多样性"。生物文化多样性指世界自然和文化系统所展示的全部多样性，它包括生物多样性、文化多样性和两者之间的复杂联系，是生物、文化和语言等在复杂的社会生态系统中共同演化的产物，可被认为是世界差异的总和。

20世纪90年代，基于原始社区内动植物的数量和分布情况，部分研究者将语言、宗教、知识和民族等要素的数量和分布情况进行地理空间对应，分析获得生物多样性和文化多样性在地理空间上的相关性，即生物多样性较高的区域一般文化多样性也相对较高，两者共同进化，面临着共同的威胁。当人们意识到生物文化多样性是一种文化实践，可以反映和影响动植物和人类之间的相关性时，研究围绕乡村地区文化景观展开，关注传统农业实践的动态调节与生物多样性关系，以及农业生物多样性的形式。2003年世界自然保护地委员会(WCPA)设立了保护生物多样性丰富的土著及传统民族自然圣境（Sacred Natural Sites，SNS）项目并采用了生物文化多样性的方法，再次明确了生物文化多样性研究是分析人、自然与文化关系的重要途径，将其应用于生态系统管理和保护战略中。

而后学者将研究范围延伸至现代城市地区的生物多样性和文化相互作用研究，用以缓解城镇化问题。埃兰兹（Elands B.H.M）等人从实体化、生活化和管理工作三个关键维度出发，构建了城市地区生物文化多样性研究新的概念框架。同时生物文化多样性与城市文化景观的发展观点促成了欧盟(EU)FP7 GREEN SURGE 项目的形成，旨在将城市环境中的人与绿地联系起来，进一步发展了生物文化多样性的理论和概念思维。维里科（Vierikko）等人基于埃兰兹的研究框架，对欧洲多个国家的城市绿地进行调研，分析城市绿地使用、体验和环境之间的相互关系。还有较少研究利用生物文化多样性评价对大尺度文化区域与遗产地进行生物文化多样性空间格局研究，分析不同因素对多样性空间分布的影响或识别不同等级的保护区域。

随着生物文化多样性的提出，生物文化多样性研究主体主要从"物种丰富的原始社区聚居地"、"乡村地区文化景观"、"具有文化属性的保护地"延伸至"城乡人居环境复杂系统"。生物多样性主要以动植物数量作为代表。文化多样性较难量化，从最初的语言数量，到民族、宗教数量，文化重要性不断受到人们认可，推进着生物文化多样性评价体系的发展与完善。马菲（Maffi）等学者认为，生物文化多样性和生物文化保护的范式应强调可表达人与环境之间关系的宗教和精神层面的内容。人们逐渐意识到，传统的生态知识体系，包括宗教、精神信仰等内容，对塑造区域丰富的风景，保护发展生物文化多样性以及维持可持续生计与资源管理实践起着核心作用。现阶段，人类语言、民族、知识、精神信仰与感知等方面内容被作为表现文化多样性的重要内容。

## 6.2.2 生物文化多样性的关联特征

现已有大量证据能证实生物多样性和文化多样性在地理空间上具有一定相关

性，生物文化多样性的关联特征体现在时空对应性和动态累积与适应性两方面（图6-1）。

（1）时空对应性：人与自然共生进程中时间、空间与事件相互对应。

自然环境是人类生存发展的基础，为文化与信仰体系的形成与发展提供了场所。生物多样性与文化多样性在地理空间上具有重合的可能性。

（2）动态累积与适应性：人与自然在不断的适应、促进与抑制过程中形成相对稳定的动态平衡系统，在相对应的时空关系中，生态系统与文化系统也在经历共同生长或抑制生长后逐渐平衡的过程，此过程中生物多样性与文化多样性的消失是不可逆的。

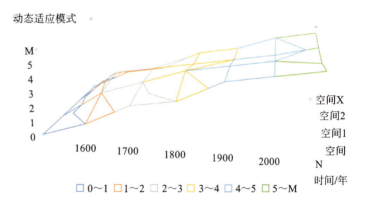

图6-1 生物文化多样性关联特征示意
（图片来源：刘思雨绘制）

通过查阅相关资料，整理出10个分属于自然与文化两大类别的生物文化多样性评价因子（表6-1）。自然因子的生长、发展受到地形、水文与土壤的持续影响，其多样性直观地表现在地形地貌、动物与植被类型等方面。基础数据可从相关部门或地理空间数据云获取，经由ArcGIS等计算平台进行信息提取与分析。文化因子主要是人类生存发展和生产生活过程中的衍生物，其多样性由历史土地利用、知识系统和民族特性等直观展示，以人群感知反馈为补充。文化信息一般通过查阅文献、典籍和相关人群口述等途径获取。

综合整理现有相关研究并归纳补充后将评价过程共分为前期分析阶段、评价体系构建阶段、解译分析阶段与总结归纳阶段。

表 6-1　生物文化多样性评价因子

| 因子类型 | 因子 | 主要评价内容 |
| --- | --- | --- |
| 自然因子 | 地形 | 海拔、坡度、坡向 |
| | 水文 | 水系缓冲区 |
| | 土壤 | 土壤类型 |
| | 地质 | 地质类型<br>地质年代 |
| | 动物 | 动、植物种类 |
| | 植被 | 动、植物数量<br>动、植物珍稀程度<br>植被覆盖率 |
| 文化因子 | 民族特性 | 语言、宗教、民族等类型<br>民俗活动丰富度<br>民俗活动代表性<br>民族文化历史时长<br>建筑典型性<br>材料与技术独特性 |
| | 历史土地利用 | 历史土地利用变迁频次<br>历史土地利用类型<br>持续时长 |
| | 风景感知 | 风景认知度<br>物理感知<br>心理感知 |
| | 知识系统 | 传统生产知识系统的类型<br>传统社区管理方式<br>知识系统使用频率 |

## 6.3　群加藏族乡生物文化多样性评价

### 6.3.1　群加藏族乡概况

群加藏族乡总面积约 9857 公顷，其依托拉脊山脉生长，形成较为独立且封闭的地理空间，地势由东南向西北逐渐增高，高差较大。群加国家森林公园位于藏族乡腹地，属于自然公园类保护地。群加国家森林公园从原本的林场旧址演变而来，在后期的规划发展中被归为国家森林公园，是青海省重要的水源涵养区，具有极高的生态价值。群加藏族乡内的道路、河网、村落分布展现了该区域内的肌理特征。交通道路主要分为主路和支路，总体走向为从西北到东南，支路用来连接主路和村庄。群加藏族乡内水资源较为丰富，河网由主流和大小支流组成，分布较为均衡。河道与群加藏族乡特殊的地形相互结合，形成了景观良好的自然山水风貌。群加藏族乡内主要用地类型为林地、草地和耕地，其中林地主要分布在群加藏族乡域内的中部；草地主要分布在群加藏族乡域内的北部和南部；耕地主要分布在群加藏族乡域内的南部和中部（图 6-2）。

群加藏族乡主要的 5 个行政村分别是上圈村、下圈村、唐阳村、土康村、来路村。村落主要集中在群加藏族乡的中部和南部，沿群加河与黑峡河散布。目前，乡内建筑总体上为汉化房，建筑细部和内部装修上保留了藏族元素。历史上此地受人口迁移、宗教传播与商贸发展等影响，多民族、多元文化交汇于此，日渐成为重要的藏传佛教文化发展区域，其内部自然及文化要素被人们长期赋予神圣含义（图 6-3）。现今，群加藏族乡依托群加国家森林公园内高生态价值的森林生态系统与文化资源发展旅游业。

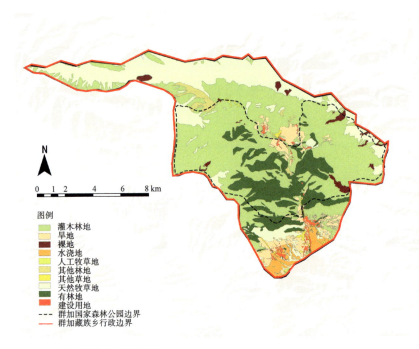

图 6-2　群加藏族乡用地类型

（图片来源：刘思雨绘制）

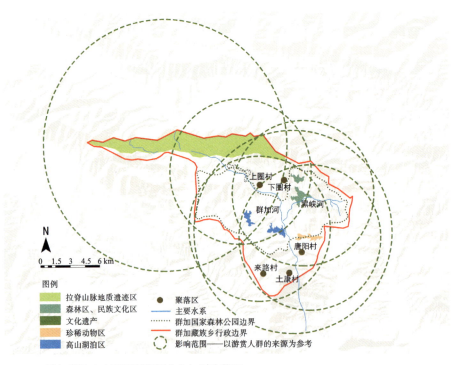

图 6-3　群加藏族乡主要风景资源分布与影响范围

（图片来源：刘思雨绘制）

## 1. 自然景观

（1）地文景观。

群加藏族乡内部的群加国家森林公园地处西北黄土高原和青藏高原过渡地带，祁连山支脉——拉脊山脉南麓。地质构造属加里东褶皱带，地貌基本上是中高山与低山的分界线，也是拉脊山与西宁盆地的分界线。辖区内地形地貌比较复杂，地势西北高而东南低，呈现高山峡谷地貌，自然景观垂直分布明显，最高点为果石摘山峰，海拔4488米。群加国家森林公园内山景丰富，集雄、奇、险、幽为一体，见图6-4、图6-5。

图6-4　西宁群加国家森林公园

（图片来源：刘思雨拍摄）

图 6-5　连绵起伏的地貌风景

（图片来源：刘思雨拍摄）

（2）水域景观。

群加藏族乡受拉脊山影响，水热条件随着海拔、坡向变化明显。冬季寒冷干燥，低温持续时间长，夏季湿润多雨，雨热同期，有利于植物生长发育。群加河与黑峡河为群加藏族乡与群加国家森林公园的主要河流，属黄河流域水系。群加河发源于拉脊山南坡，为区内最大地表径流，直接汇入黄河。区域内降水主要集中在6—9月，占全年降水的70%。

群加藏族乡内水景与山景浑然一体，形成河流、高山湖泊、瀑布、涌泉等丰富的水景形式。其中最有名的泉是神灵泉，群加河水70%源于该泉，当地藏民把神灵泉尊为神泉，倍加珍惜爱护。群加国家森林公园内地下水主要为岩石裂隙水，水量丰沛，是群加藏族乡内居民的主要生活用水。见图6-6。

（3）生物景观。

独特的地理位置使群加藏族乡拥有丰富的植物种类、多样的植被类型和独有的

图 6-6 群加河风景

（图片来源：刘思雨拍摄）

森林风光。群加藏族乡林区还被列为青海省藏药保护基地，林区内蕴藏着丰富的名贵中药材。群加藏族乡内生物多样性丰富，区域内植被具有明显的垂直分布特征，垂直自然地带由下向上依次为山地森林带、高山灌丛带、高山草甸带、高山寒漠草甸带。

山地森林带分布于海拔 2400～3200 米的阴坡，主要乔木树种有青海云杉、山杨、桦树，以云杉为主广泛分布的原生森林植被是我国山地寒温性针叶林的典型代表；灌木树种有蔷薇、金露梅、银露梅、忍冬、锦鸡儿、高山柳、杜鹃等；草本植物主要有苔草、披碱草、珠芽蓼、乳白香青等。见图 6-7。

高山灌丛带主要分布于海拔 3200～3600 米的阴坡，以杜鹃所组成的常绿阔叶灌木（丛）林为主，在阳坡和半阳坡上有零星分布的金露梅、小檗、沙棘等组成的灌木（丛）林。草本植物种类较多，以珠芽蓼、短轴嵩草、唐松草、针茅等占优势。

高山草甸带分布在海拔 3600～4000 米，坡向造成的植被生长差异不明显，

图 6-7　群加国家森林公园云杉林
（图片来源：刘思雨拍摄）

主要植物有嵩草、黑穗薹、风毛菊、委陵菜等，伴生有异针茅、多裂委陵菜、毛茛等。见图 6-8。

高山寒漠草甸带分布在海拔 4000 米以上，受低温影响，植被极稀少，主要为一些耐寒、耐旱的草本植物，如高山嵩草、野罂粟、头花蓼、虎耳草等。

群加国家森林公园内生长着各类中药材，主要药用植物有冬虫夏草、羌胡、茵陈、黄芪、柴胡等。群加国家森林公园中有大面积水源涵养生态公益林区，具有涵养水源、保持水土、调节水量、改善水质的作用，是湟中区重要的绿色天然屏障。

群加国家森林公园中野生动物种类丰富，现有国家一级保护动物白唇鹿、梅花鹿、胡兀鹫等多种，国家二级保护动物岩羊、马鹿、马麝、蓝马鸡、猞猁等多种。见图 6-9。

### 2. 人文景观

群加藏族乡的人文景观主要由具有一定美学、科学、历史和文化价值的各种历

图 6-8　高山草甸风景
（图片来源：刘思雨拍摄）

图 6-9　生态林和羊群风光
（图片来源：刘思雨拍摄）

史遗迹、古今建筑、宗教文化、民俗节庆、民艺传说，以及具有休闲娱乐、疗养保健、购物度假功能的设施和场所等构成。

群加藏族乡居民以藏族为主，保留着古朴的藏族生产、生活传统习惯。遗存较多的传统生活建筑以石砖材料为主，主要用于日常祭祀活动。这类建筑多位于山间谷地，其传统外貌或有一定破损，但本体功能延续性强。见图6-10。

藏传佛教文化旅游地桑丹楞寺位于群加国家森林公园内，使群加国家森林公园被列为湟中藏传佛教文化旅游区中的重点风景名胜旅游区。桑丹楞寺创建于公元1644年，至今已有三百多年历史，后经1985年、1987年两次扩建形成现在的规模。寺院为藏汉结合式建筑，寺内有大殿、护法神殿、大悲殿、吉祥时轮大佛塔等，现有僧众三十余人。其作为群加藏族乡及周边县镇的重要宗教文化传播点是人们日常生活中必不可少的活动区域，使用率高、保护状况较为良好。见图6-11。

图6-10　群加藏族乡民居
（图片来源：刘思雨拍摄）

图 6-11 桑丹楞寺白塔
（图片来源：刘思雨拍摄）

群加藏族乡内部自然资源具有生物多样性、自然生态系统典型性与物种珍稀性等特性。群加国家森林公园是青海省生物多样性极为丰富的地区之一，是天然生物物种的重要基因库。区域内文化资源以寺庙建筑群为主，具有地域性、历史性与文化性。藏传佛教文化是群加藏族乡及周边地区重要的文化类型，极具影响力。这类文化资源的保护与发展状态主要与遗产本身的功能、用途及所处区位相关，其次与文化传播力度相关。

目前，群加藏族乡内部的文化资源与自然资源整体保护较为良好，功能性强，文化传承度较高，尤其是寺庙建筑群。基于问卷与访谈结果发现，居民群体关注自然、文化资源与生活的关系，如不同节庆活动的开展、日常生产生活活动的开展等；相关从业者则更加关注自然与文化资源的利用方式、群加藏族乡文化资源的传统意义及各类资源的经济价值与社会价值。

## 6.3.2 生物文化多样性评价

分别通过专业组和居民组提取场地信息。专业组结合文献分析与实地调研,梳理总结并观察记录自然资源、文化景观与遗产等资源的保护与利用情况;居民组通过问卷及半结构化访谈形式,获取群加藏族乡整体范围内对自然与文化环境的认知情况。可知,自然山水格局是生存基础,群加藏族乡作为自然保护地,其内部林地资源是保护核心,除此之外,丰富的地景是风景多样性的重要表现;同时藏民与汉民聚居于此,其宗教文化是生物文化多样性不可或缺的组成部分。

综合整理群加藏族乡自然及文化景观要素(表6-2)及其时空对应关系,筛选出9类与场地具有直接相关关系的生物文化多样性评价因子。其中,自然因子包括地形(海拔)、水文、动物和植被4类;文化因子包括历史土地利用、民族特性(民族)、民族特性(建筑)、知识系统(耕作模式)和风景感知5类(表6-3)。主要评价计算步骤如下:

(1)建立单因子矢量图层。

将各因子数据通过ArcGIS转换为矢量图层,建立包括时间、空间与事件的属性库。自然因子可通过DEM(Digital Elevation Model)、水文图、土地覆盖与动植物分布等数据提取;文化因子参考《湟中县志》《青海风物志》《湟中县湟源县文物志》等文献及居民的访谈资料,确定因子覆盖或辐射的有效范围。

(2)单因子重分类。

专业组综合预估场地内要素丰富度,划定赋值量级。根据各单因子评价内容(表6-3)对区块间相对值判定后进行重分类。若单因子要素分布超过或小于5个区块,则进行量级合并或缺失处理。

(3)多因子权重计算。

将居民组问卷与访谈中关于各因子的描述内容进行提炼并打分,获得各因子平均分$A_1 \sim A_9$。专业组3人独立打分,获得各因子平均分$B_1 \sim B_9$。评分区间1~5

分，取整数，评分数据进行归一化处理。两组分别对自然因子与文化因子对群加藏族乡生物文化多样性的影响程度进行判断：居民组设置自然因子和文化因子影响力常数值为 0.5、0.5；专业组设置自然因子和文化因子影响力常数值为 0.4、0.6。最终计算各单因子权重值 $C$ 时，专业组评分占 60%，居民组评分占 40%。计算公式：

$$C_{自然}=(A_1/\sum_{j=1}^{4}A_j\times0.5\times0.4)+(B_1/\sum_{j=1}^{4}B_j\times0.4\times0.6)$$

$$C_{文化}=(A_i/\sum_{j=5}^{9}A_j\times0.5\times0.4)+(B_i/\sum_{j=5}^{9}B_j\times0.6\times0.6)$$

式中：$A_1$——居民组为自然因子评价平均分；

$A_i$——居民组为文化因子评价平均分；

$A_j$——居民组为自然因子和文化因子评分；

$B_1$——专业组为自然因子评价平均分；

$B_i$——专业组为文化因子评价平均分；

$B_j$——专业组为自然因子和文化因子评分。

（4）多因子加权输出。

ArcGIS 地理处理工具将各因子重分类数据乘以对应权重并合计输出，获得群加藏族乡生物文化多样性评价 4 级分布结果（图 6-12）。

表 6-2　群加藏族乡自然及文化景观要素

| 要素类别 | | 要素构成 |
|---|---|---|
| 自然景观 | 地文景观 | 地形地貌类——高山峡谷、高山草甸、雪山冰川等 |
| | | 化石类——植物化石、动物化石等 |
| | | 地层类——不同地质年代的岩层痕迹 |
| | 水域景观 | 河流、湖泊、溪流、泉水、瀑布等 |
| | 生物景观 | 植物类——杨桦林、水杉林、高山杜鹃林等 |
| | | 动物类——群加鹿场、牛羊群、高原鼠兔、鸟类等 |
| 人文景观 | 历史遗迹 | 考古遗址、石刻岩画、寺庙宗祠等 |
| | 建筑设施 | 传统聚落、能源景观、经幡等 |
| | 地方风物 | 农业景观、牧场景观、民俗活动等 |

表 6-3　群加藏族乡生物文化多样性评价

| 因子类型 | 主因子 | 评价内容 | 权重值 $C$ |
|---|---|---|---|
| 自然因子 | 地形（海拔） | 海拔高度分区。赋值后共分为 5 级 | 0.10459 |
| | 水文 | 水系等级与缓冲区。赋值后共分为 3 级 | 0.12919 |
| | 动物 | 1. 动物种类与数量；2. 珍稀程度。赋值后共分为 5 级 | 0.096423 |
| | 植被 | 1. 植物种类与数量；2. 珍稀程度；3. 植被覆盖率。赋值后共分为 5 级 | 0.1098 |
| 文化因子 | 历史土地利用 | 1. 变迁频次；2. 利用类型及其持续时长。赋值后共分为 4 级 | 0.11872 |
| | 民族特性（民族） | 1. 种类与数量；2. 历史时长。赋值后共分为 3 级 | 0.13364 |
| | 民族特性（建筑） | 1. 风格与数量；2. 历史时长；3. 建筑材料与技术的独特性。赋值后共分为 5 级 | 0.09955 |
| | 知识系统（耕作模式） | 1. 耕作类型与分布；2. 使用频率。赋值后共分为 5 级 | 0.11549 |
| | 风景感知 | 1. 人群物理感知；2. 人群心理感知。赋值后共分为 2 级 | 0.0926 |

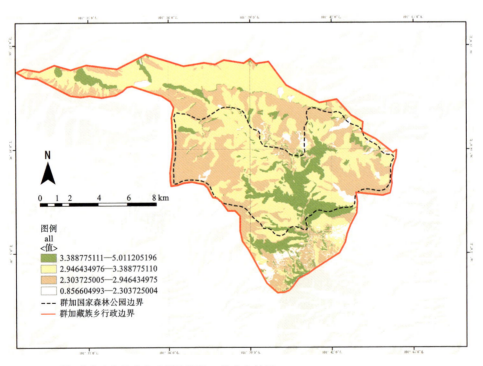

图 6-12　群加藏族乡生物文化多样性评价 4 级分布结果

（图片来源：刘思雨绘制）

### 6.3.3　评价结果

根据生物文化多样性评价结果获得如下 4 级区域。

（1）高生物文化多样性区域：数值位于 3.4～5.1 区间。

内部地势相对平坦，以森林复合系统、天然牧草地和传统宗教文化区为主，分布于现群加国家森林公园一般游憩区并沿群加河与黑峡河延伸至群加藏族乡主要村落。区域内文化系统与自然系统相互作用频繁，融合度高。

（2）较高生物文化多样性区域：数值位于 2.9～3.4 区间。

此区域地形变化多样，以林地、灌木林地与天然牧草地和传统汉藏聚落区为主，分布于现群加国家森林公园一般游憩区与核心景观区，沿河流支流延伸至群加藏族乡北部山脉，山下散布的传统藏式民居历史与文化价值突出。区域内文化系统发展受生态系统影响，两者融合度较高。

（3）一般生物文化多样性区域：数值位于 2.3～2.9 区间。

内部以位于较高海拔区域的牧草地与灌木林为主，分布于现群加国家森林公园生态保育区及南北部聚落区周边。山脊区仍有少数游牧民居住在传统藏式毡房中，延续着传统的生产生活方式。区域内文化系统与自然系统的相互作用较弱。

（4）低生物文化多样性区域：数值位于 0.8～2.3 区间。

此区域以农田与高海拔林区为主。区域内进行单一的农牧和保育活动以保护森林生态系统。

由评价结果可知，群加藏族乡整体生物文化多样性高。高生物文化多样性区域分布于中部山谷地区，由位于群加藏族乡腹地的群加国家森林公园内部向外延伸，各级区域基本随山形水系分布，与地理空间特征吻合。群加藏族乡与群加国家森林公园不仅在地理范围上呈现包含与被包含的关系，两者还共同形成了较为完整、连续且具有一定时空关系的生物文化多样性空间，因此应整体考虑两者的保护与发展。

## 6.4 群加国家森林公园与群加藏族乡区域协同发展建议

群加国家森林公园初期依托风景资源发展旅游业，划分为 4 类功能区，包括生态保育区、核心景观区、一般游憩区和管理服务区。近年来群加国家森林公园禁止开展非保育活动，群加藏族乡居民及邻近县镇居民的休憩与祭祀等空间相对减少，因此人们常在群加国家森林公园外围沿河区域或屋前空地开展相关活动，影响了居民与群加国家森林公园的互动关系。群加国家森林公园边界人为分割了群加藏族乡整体生物文化多样性空间，其内部功能分区过多、保护与利用对象不够明确，不利于保护群加藏族乡范围内文化系统与生态系统的完整性和连续性。因此，建议根据生物文化多样性评价结果，综合考虑群加国家森林公园与群加藏族乡的保护与规划需求，进行边界及功能分区整合优化。

以相关上位规划及"自然公园原则上按一般控制区管理"、"自然保护地以外的生态保护红线区域，与自然保护地一般控制区的管控规则相同"等意见为参考，以保护生物多样性为基础，以传承地域文化为重要目标，提出以下建议：首先，基于维护生物文化多样性空间的连续性与完整性，兼顾区域社会经济可持续发展等需求，建议整合生物文化多样性关联区域，使保护与规划边界扩大至群加藏族乡范围；其次，根据生物文化多样性特征进行功能分区，结合"一般控制区"管控要求，提出策略以促进群加国家森林公园与群加藏族乡的协同发展。综上所述，利用 ArcGIS 进行数据 2 级分类再输出，为划定生态保育区与合理利用区提供参考（图 6-13）。

由图 6-13 可知，高生物文化多样性区域涵盖森林复合系统、传统宗教文化区和传统汉藏聚落区等。低生物文化多样性区域涵盖农田、高海拔牧草地与灌木林地。因此，将高生物文化多样性区域设置为合理利用区，有效利用现有自然与文化资源，适当发展生态旅游业，提高居民收入水平与增强居民生态保护意识。将低生物文化多样性区域设为生态保育区，以保护生态系统为主要目标（图 6-14）。

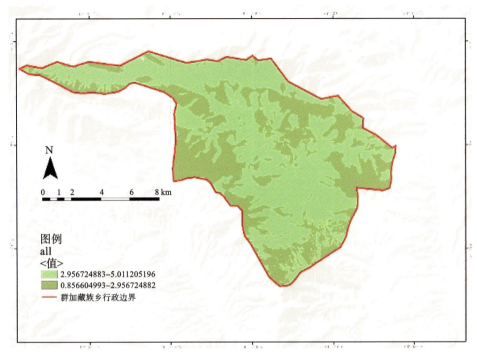

图 6-13 群加藏族乡生物文化多样性评价 2 级分布结果

(图片来源：刘思雨绘制)

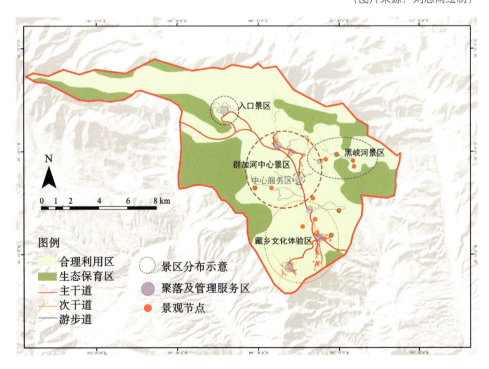

图 6-14 区域整合优化后的功能分区

(图片来源：刘思雨绘制)

（1）生态保育区。

以保护原始农田、牧草地、灌木林地生态系统为主。区域内禁止开发建设大型工程项目，限制除放牧活动外的其他人为活动。建议在区域内建造与游牧民生产生活相关的必要基础设施，定期开展生态监测，实时监测环境质量变化。

（2）合理利用区。

根据区域内资源特性与分布情况进行规划设计。首先，沿群加河与黑峡河方向完善主干道，增加区域内东西向二级道路与游步道。道路设计时应有效串联村落及风景点，并尽量减少对居民日常生产生活道路的影响。其次，基于生态旅游容量和资源开发，利用阈值等数据设置游客容量和游赏活动范围。最后，适当开发利用河岸两侧区域，使其顺河流延伸至村落内部，为居民开展旅游服务活动提供空间。

自然山水格局是群加藏族乡的生存与发展基础，群加藏族乡作为重要的乡村文化景观与自然保护地，其内部林地资源是保护核心，丰富的自然资源是生物文化多样性的重要表现；在历史进程中，藏族与汉族等多民族移居于此，形成了浓厚的宗教文化氛围与完善的体系，是区域内生物文化多样性不可或缺的组成部分。调整后的生态保育区面积为2799公顷，合理利用区面积为6531公顷，此调整增强了群加藏族乡范围内生态系统与文化系统的空间连通性（表6-4）。群加藏族乡的规划定位主要倾向于利用其自然资源与文化资源发展旅游业，以有效提升居民与公众的认知度与参与度，带动区域可持续发展。但需要注意的是规划设计需要基于对风景资源的保护，尤其是生态保育区，同时对传统农耕产业不产生过多冲击。实施过程中应注重构建群加藏族乡内部文化—自然融合的发展氛围，加强文化多样性保护，逐步形成"政府协调—居民认同—游客参与"的联动关系，发挥自然保护地的生态及文化服务功能，带动区域整体协同发展。

表 6-4　整合优化后功能分区面积对比

| 功能分区 | | 群加国家森林公园（独立保护建设） | 群加国家森林公园与群加藏族乡（整体保护建设） | 保护和利用对象 |
| --- | --- | --- | --- | --- |
| 生态保育区 | | 1533 公顷 | 2799 公顷 | 珍稀动植物资源、森林、山体、河湖水系等 |
| 合理利用区 | 核心景观区 | 1284 公顷 | 6531 公顷 | 各民族传统建筑、风景资源、遗产遗迹、农耕系统、宗教信仰、风俗习惯等 |
| | 一般游憩区 | 2992 公顷 | | |
| | 管理服务区 | 40 公顷 | | |

# 主要参考文献

## 期刊论文

[1] 杨锐."风景"释义[J].中国园林,2010,26(9):1-3.

[2] 郭晓彤,韩锋.欧洲乡村景观价值解读与评估方法对中国的启示[J].中国园林,2021,37(1):110-115.

[3] 吕舟.面对新挑战的世界遗产(43届世界遗产大会观察报告序)[J].自然与文化遗产研究,2020,5(2):1-7.

[4] 赵烨,高翅.名山风景区风景特质理论体系及其实践——以武当山为例[J].中国园林,2019,35(10):107-112.

[5] 汪伦,张斌.景观特征评估——LCA体系与HLC体系比较研究与启示[J].风景园林,2018,25(5):87-92.

[6] 刘思雨,王玏.英国历史土地利用评价(HLA)研究的经验与启示[J].中国园林,

2020, 36（11）: 117-122.

[7] 张丹, 闵庆文, 何露, 等. 全球重要农业文化遗产地的农业生物多样性特征及其保护与利用 [J]. 中国生态农业学报, 2016, 24（4）: 451-459.

[8] 马楠, 杨伦, 闵庆文, 等. 传统文化对农业生物多样性保护的积极意义: 基于全球重要农业文化遗产的视角（英文）[J]. Journal of Resources and Ecology, 2021, 12（4）: 453-461.

[9] 王欣, 闵庆文, 吴殿廷, 等. 基于全球重要农业文化遗产的旅游开发研究——以青田稻鱼共生农业系统为例 [J]. 地域研究与开发, 2006, 25（5）: 63-67.

[10] 杨波, 何露, 闵庆文. 文化景观视角下的农业文化遗产认知与保护研究——以云南双江勐库古茶园与茶文化系统为例 [J]. 原生态民族文化学刊, 2020, 12（5）: 110-116.

[11] 李和平, 肖竞. 我国文化景观的类型及其构成要素分析 [J]. 中国园林, 2009, 25（2）: 90-94.

[12] 珍妮·列农, 韩锋. 澳大利亚景观保护史 [J]. 中国园林, 2016, 32（12）: 63-67.

[13] 王毅. 文化景观的类型特征与评估标准 [J]. 中国园林, 2012, 28（1）: 98-101.

[14] 胡牧. 乡村文化景观的流变 [J]. 社会科学家, 2019（2）: 89-93.

[15] 李振鹏, 刘黎明, 谢花林. 乡村景观分类的方法探析——以北京市海淀区白家疃村为例 [J]. 资源科学, 2005, 27（2）: 167-173.

[16] 欧阳勇锋, 黄汉莉. 试论乡村文化景观的意义及其分类、评价与保护设计 [J]. 中国园林, 2012, 28（12）: 105-108.

[17] 翟洲燕, 李同昇, 常芳, 等. 传统村落文化对城乡一体化的统筹性响应机理 [J].

人文地理, 2017, 32 (4): 30-36.

[18] 柏贵喜. 乡土知识及其利用与保护 [J]. 中南民族大学学报（人文社会科学版）, 2006, 26 (1): 20-25.

[19] 陈占江. 现代社区建设的乡土视野——费孝通的思想遗产 [J]. 云南行政学院学报, 2017, 19 (2): 5-12.

[20] 邓祖涛, 陆玉麒, 尹贻梅. 汉水流域核心-边缘结构的演变 [J]. 地域研究与开发, 2006, 25 (3): 29-33.

[21] 周心琴. 西方国家乡村景观研究新进展 [J]. 地域研究与开发, 2007, 26 (3): 85-90.

[22] 王海英, 张羽清, 周之澄. 英国、德国乡村景观设计剖析及对我国乡村建设的启示 [J]. 江苏农业科学, 2021, 49 (20): 9-16.

[23] 肖遥, 李方正, 李雄. 英国乡村景观变迁中的文化驱动力 [J]. 中国园林, 2015, 31 (8): 45-49.

[24] 罗涛, 林宇晨, 克里斯蒂娜·冯·哈伦, 等. 德国景观规划的价值逻辑、法律框架及启示 [J]. 景观设计学, 2020, 8 (1): 10-25.

[25] 张晋石. 20 世纪荷兰乡村景观发展概述 [J]. 风景园林, 2013 (4): 61-66.

[26] 郭巍, 侯晓蕾. 从土地整理到综合规划——荷兰乡村景观整治规划及其启示 [J]. 风景园林, 2016 (9): 115-120.

[27] 吴安湘. 国外农村景观规划设计经验浅探 [J]. 世界农业, 2013 (1): 32-34, 43.

[28] 高强, 王富龙. 美国农村城市化历程及启示 [J]. 世界农业, 2002 (5): 12-14.

[29] 袁青, 于婷婷, 王翼飞. 二战后西方乡村景观风貌的研究脉络与启示 [J]. 城市规划学刊, 2017 (4): 90-96.

[30] 芦千文，姜长云. 乡村振兴的他山之石：美国农业农村政策的演变历程和趋势 [J]. 农村经济，2018（9）：1-8.

[31] 潘启龙，韩振，陈珏颖. 美国农村阶段发展及对中国乡村振兴的启示 [J]. 世界农业，2021（9）：76-82.

[32] 赵永琪，田银生，陶伟. 1994—2014 年西方乡村研究：从乡村景观到乡村社会 [J]. 国际城市规划，2017，32（1）：74-81.

[33] 翁有志，丁绍刚. 国内乡村景观规划文献研究分析与评述 [J]. 安徽农业科学，2008，36（3）：1032-1034，1075.

[34] 周心琴，陈丽，张小林. 近年我国乡村景观研究进展 [J]. 地理与地理信息科学，2005，21（2）：77-81.

[35] 阎传海. 山东省南部地区景观生态的分类与评价 [J]. 农村生态环境，1998（2）：16-20.

[36] 谢花林，刘黎明，龚丹. 乡村景观美感效果评价指标体系及其模糊综合评判——以北京市海淀区温泉镇白家疃村为例 [J]. 中国园林，2003（1）：59-61.

[37] 陈建华，孙穗萍，林可枫，等. 空间句法视角下传统村镇公共空间使用后评价 [J]. 南方建筑，2022（4）：99-106.

[38] 周琪超，徐文辉. 乡村产业绿道选线适宜性评价研究 [J]. 中国园林，2021，37（1）：89-94.

[39] 刘澜，唐晓岚，熊星，等. 基于 GIS 的苏南乡村自然景观的生态敏感性分析 [J]. 南京林业大学学报（自然科学版），2018，42（4）：159-164.

[40] 李晓斌，潘一楠，史承勇，等. 基于 AHP-FCE 模型评价的历史村落景观保护与建设研究 [J]. 西北林学院学报，2022，37（4）：257-265.

[41] 单勇兵，马晓冬，宣勇. 基于 GIS 的徐州市乡村聚落空间适宜性分析 [J]. 地域研究与开发，2012，31（6）：156-160.

[42] 刘思雨, 刘楠, 侯靖宜, 等. 基于生物文化多样性评价的自然保护地与区域协同发展研究——以西宁市群加藏族乡为例 [J]. 中国园林, 2022, 38（1）: 94-99.

[43] 林琳, 边振兴, 王淑敏. 大中城市周边乡村景观格局分析——以沈阳市为例 [J]. 中国农业资源与区划, 2020, 41（5）: 223-230.

[44] 马凯, 王在位, 王丝雨. 基于空间句法的传统村落空间形态多尺度分析——以上饶市玉山县官溪社区为例 [J]. 华中建筑, 2021, 39（4）: 102-105.

[45] 曾鹏, 朱柳慧. 基于社会网络分析的县域镇村空间关联研究——以河北省肃宁县为例 [J]. 城市问题, 2021（6）: 4-14.

[46] 史焱文, 李小建, 许家伟. 基于GeoSOS的乡村工业化地区土地利用变化模拟分析——以河南省长垣县为例 [J]. 地域研究与开发, 2018, 37（5）: 140-146.

[47] 杨浩, 卢新海. 基于"三生空间"演化模拟的村庄类型识别研究——以湖南省常宁市为例 [J]. 中国土地科学, 2020, 34（6）: 18-27.

[48] 朱霞, 李振林. 基于PSR模型的大都市外围乡村生态安全空间格局优化——以武汉市为例 [J]. 现代城市研究, 2021（10）: 118-124.

[49] 任国平, 刘黎明, 李洪庆, 等. 基于改进熵权DEA-TOPSIS模型的乡村国土综合整治格局优化 [J]. 地球信息科学学报, 2022, 24（2）: 280-298.

[50] 毕庆生, 裴贝贝, 计忠飙, 等. 基于最小阻力模型的村域土地资源优化利用布局研究——以栾川县三川镇部分村庄为例 [J]. 中国农业资源与区划, 2022, 43（9）: 148-157.

[51] 邵峰. 青岛乡村人居环境质量评价及驱动机制探究 [J]. 中国农业资源与区划, 2021, 42（10）: 48-55.

[52] 宋晓英, 李仁杰, 傅学庆, 等. 基于GIS的蔚县乡村聚落空间格局演化与驱动

机制分析 [J]. 人文地理, 2015, 30 (3): 79-84.

[53] 陶金源, 张孟楠, 徐磊, 等. 基于 GIS 的环京津贫困带乡村聚落时空分异及影响因素分析 [J]. 水土保持研究, 2020, 27 (6): 300-307.

[54] 宣晓伟. 央地关系改革背景下我国国土空间规划体系的构建 [J]. 区域经济评论, 2021 (5): 32-42.

[55] 李广东, 方创琳. 城市生态-生产-生活空间功能定量识别与分析 [J]. 地理学报, 2016, 71 (1): 49-65.

[56] 孙彦斐, 唐晓岚, 刘思源. 乡村文化景观保护的现实境遇及路径——基于"人地关系"的环境教育路径 [J]. 南京农业大学学报（社会科学版）, 2020, 20 (1): 117-126.

[57] 朱佩娟, 王楠, 张勇, 等. 国土空间规划体系下乡村空间规划管控途径——以 4 个典型村为例 [J]. 经济地理, 2021, 41 (4): 201-211.

[58] 刘晓星. 中国传统聚落形态的有机演进途径及其启示 [J]. 城市规划学刊, 2007 (3): 55-60.

[59] 付梅臣, 胡振琪, 吴淦国. 农田景观格局演变规律分析 [J]. 农业工程学报, 2005, 21 (6): 54-58.

[60] 李明, 王思明. 多维度视角下的农业文化遗产价值构成研究 [J]. 中国农史, 2015, 34 (2): 123-130.

[61] 杨贤传, 张磊. 消费价值与社会情境对城市居民低碳消费意愿的影响研究 [J]. 技术经济与管理研究, 2018 (8): 21-26.

[62] 陈宇, 潘超, 肖逸. 农业景观信息探研——以四库本王祯《农书》为例 [J]. 中国园林, 2019, 35 (8): 124-129.

[63] 刘丹, 李杰. 文化符号与空间价值：互联网思维下的城市形象传播与塑造 [J]. 西南民族大学学报（人文社科版）, 2016, 37 (6): 154-158.

[64] 许吟隆, 赵运成, 翟盘茂. IPCC 特别报告 SRCCL 关于气候变化与粮食安全的新认知与启示 [J]. 气候变化研究进展, 2020, 16 (1): 37-49.

[65] 刘绿柳, 许红梅, 马世铭. 气候变化对城市和农村地区的影响、适应和脆弱性研究的认知 [J]. 气候变化研究进展, 2014, 10 (4): 254-259.

[66] 吴绍洪, 高江波, 邓浩宇, 等. 气候变化风险及其定量评估方法 [J]. 地理科学进展, 2018, 37 (1): 28-35.

[67] 郭建平. 气候变化对中国农业生产的影响研究进展 [J]. 应用气象学报, 2015, 26 (1): 1-11.

[68] 常丽博, 骆耀峰, 刘金龙. 哈尼族社会-生态系统对气候变化的脆弱性评估——以云南省红河州哈尼族农村社区为例 [J]. 资源科学, 2018, 40 (9): 1787-1799.

[69] 郑景云, 卞娟娟, 葛全胜, 等. 中国1951—1980年及1981—2010年的气候区划 [J]. 地理研究, 2013, 32 (6): 987-997.

[70] 王绍武, 蔡静宁, 朱锦红, 等. 中国气候变化的研究 [J]. 气候与环境研究, 2002, 7 (2): 137-145.

[71] 舒也, 吴仁武, 晏海, 等. 人竹共生, 农业文化遗产的范式——安吉人竹共生系统农业文化遗产保护与发展规划的思考 [J]. 竹子学报, 2017, 36 (4): 1-8.

[72] 赵永存, 徐胜祥, 王美艳, 等. 中国农田土壤固碳潜力与速率: 认识、挑战与研究建议 [J]. 中国科学院院刊, 2018, 33 (2): 191-197.

[73] 张亦文. 碳达峰、碳中和目标下农业低碳化发展问题与解决途径 [J]. 农业经济, 2022 (4): 18-20.

[74] 吴嘉莘, 杨红娟. 农业净碳汇测算方法研究综述 [J]. 农业经济, 2020 (10): 29-31.

[75] 弓成, 刘云慧, 满吉勇, 等. 基于生物多样性和生态系统服务的生态农场景观

设计 [J]. 中国生态农业学报（中英文），2020，28（10）：1499-1508.

[76] 刘云慧，宇振荣，罗明. 国土整治生态修复中的农业景观生物多样性保护策略 [J]. 地学前缘，2021，28（4）：48-54.

[77] 郑晓明，杨庆文. 中国农业生物多样性保护进展概述 [J]. 生物多样性，2021，29（2）：167-176.

[78] 周武忠. 基于乡村文化多样性的创意农业研究 [J]. 世界农业，2020（1）：21-25.

[79] 索晓霞. 乡村振兴战略下的乡土文化价值再认识 [J]. 贵州社会科学，2018（1）：4-10.

[80] 郑丽虹. 乡土设计视角下文化多样性的"贵州实践"——以苏州大学帮扶贵州铜仁的非遗设计复兴项目为例 [J]. 贵州社会科学，2022（1）：57-63.

[81] 龙金菊，刘剑. 底色与因应：风险感知中乡村社会韧性治理管窥 [J]. 湖北民族大学学报（哲学社会科学版），2022，40（4）：60-70.

[82] 李南枢，何荣山. 社会组织嵌入韧性乡村建设的逻辑与路径 [J]. 中国农村观察，2022（2）：98-116.

[83] 王南希，陆琦. 乡村景观价值评价要素及可持续发展方法研究 [J]. 风景园林，2015（12）：74-79.

[84] 冯艳，寇怀云. 基于比较的文化遗产影响评估（CHIAs）中国可持续应用研究 [J]. 现代城市研究，2021（5）：126-132.

[85] 张小全，谢茜，曾楠. 基于自然的气候变化解决方案 [J]. 气候变化研究进展，2020，16（3）：336-344.

[86] 李小康，华虹，王晓鸣，等. 基于生态系统服务价值的乡村可持续用地评价研究——以湖北省堰河村为例 [J]. 生态经济，2020，36（6）：112-117.

[87] 陆岷峰，徐阳洋. 低碳经济背景下数字技术助力乡村振兴战略的研究 [J]. 西南

金融,2021(7):3-13.

[88] 宇振荣,张茜,肖禾,等.我国农业/农村生态景观管护对策探讨[J].中国生态农业学报,2012,20(7):813-818.

[89] 马浩然,王乐君.城乡统筹发展视角下的乡村文化景观价值及规划设计方法——以重庆市梁平县双桂湖公园为例[J].中国园林,2021,37(S1):134-138.

[90] 王慧娟,兰宗敏.中国城市可持续发展指标体系构建、测度与评价[J].商业经济研究,2022(7):184-188.

[91] 向德平,梅莹莹.绿色减贫的中国经验:政策演进与实践模式[J].南京农业大学学报(社会科学版),2021,21(6):43-53.

[92] 张锐,寇静娜.全球清洁能源治理的兴起:主体与议题[J].经济社会体制比较,2020(2):182-191.

[93] 王成,马小苏,唐宁,等.农户行为视角下的乡村生产空间系统运行机制及重构启示[J].地理科学进展,2018,37(5):636-646.

[94] 高丽,李红波,张小林.中国乡村生活空间研究溯源及展望[J].地理科学进展,2020,39(4):660-669.

[95] 傅瑶.乡村振兴战略下乡村文化空间建设路径研究[J].农业经济,2021(4):59-61.

[96] 宋晓威,王希龙,房甄.农户对农业绿色生产技术响应的影响因素——以青岛市为例[J].地域研究与开发,2021,40(2):129-134.

[97] 田华文,崔岩.何为绿色生活?——基于多个政策文本的扎根理论研究[J].干旱区资源与环境,2020,34(1):12-18.

[98] 张三元.绿色发展与绿色生活方式的构建[J].山东社会科学,2018(3):18-24.

[99] 周杨.美好生活视域下的绿色生活方式构建[J].中国特色社会主义研究,2019（1）：85-91.

[100] 戴亚超,夏从亚.论新时代绿色生活方式的生态法治保障[J].广西社会科学,2020（12）：134-138.

[101] 段艳丰.新时代中国乡村绿色发展道路的时代价值、现实困境及路径选择[J].农林经济管理学报,2020,19（1）：118-125.

[102] 李益求.绿色发展理念下我国农村生态文明建设的途径研究[J].农业经济,2020（1）：40-42.

[103] 武仙竹.汉水流域旧石器时期的远古居民与生态环境[J].文物世界,1997（3）：22-25.

[104] 郑明佳.江汉平原古地理与"云梦泽"的变迁史[J].湖北地质,1988,2（2）：6-11.

[105] 黄培华,李文森.湖北郧县曲远河口的地貌、第四纪地层和埋藏环境[J].江汉考古,1995（4）：83-86.

[106] 钞晓鸿.清代汉水上游的水资源环境与社会变迁[J].清史研究,2005（2）：1-20.

[107] 李保平,薛达元.民族地区的生物-文化多样性研究——基于广西金秀生物文化的调研[J].贵州社会科学,2020（1）：103-108.

[108] 沈园,李涛,唐明方,等.西南地区生物文化多样性空间格局定量研究[J].生态学报,2019,39（7）：2454-2461.

[109] 李晖,谭雯文,李滔.普洱"茶马古道"生物与文化多样性保护格局构建研究[J].中国园林,2019,35（12）：46-51.

[110] 曹丽格,方玉,姜彤,等.IPCC影响评估中的社会经济新情景(SSPs)进展[J].气候变化研究进展,2012,8(1):74-78.

[111] Noss R F. A Regional Landscape Approach to Maintain Diversity [J]. BioScience.1983, 33（11）: 700-706.

[112] Hubert N van Lier. The role of land use planning in sustainable rural systems[J].Landscape and Urban Planning, 1998, 41: 83-91.

[113] Mauro Agnoletti. Rural landscape, nature conservation and culture: Some notes on research trends and management approaches from a（southern）European perspective [J]. Landscape and Urban Planning, 2014, 126: 66-73.

[114] Loh J, Harmon D.A global index of biocultural diversity[J].Ecological Indicators, 2005, 5（3）: 231-241.

[115] Antrop M. Changing patterns in the urbanized countryside of Western Europe[J].Landscape Ecology, 2000, 15（3）: 257-270.

[116] Coleman E A.Common property rights, adaptive capacity, and response to forest disturbance[J].Global Environmental Change, 2011, 21（3）: 855-865.

[117] Pandey V P, Babel M S, Shrestha S, et al.A framework to assess adaptive capacity of the water resources system in Nepalese River basins[J].Ecological Indicators, 2011, 11（2）: 480-488.

[118] Minerva Campos, Alejandro Velázquez, Michael McCall. Adaptation strategies to climatic variability: A case study of small-scale farmers in rural Mexico[J]. Land Use Policy, 2014, 38: 533-540.

[119] Tansley A G.The Use and Abuse of Vegetational Concepts and Terms[J]. Ecology, 1935, 16（3）: 284-307.

[120] Jane M.-F.Johnson, Alan J.Franzluebbers, Sharon Lachnicht Weyers,

et al.Agricultural opportunities to mitigate greenhouse gas emissions[J].Environmental Pollution, 2007, 150（1）: 107-124.

[121] Wang Le, Zhang Zhiyuan, Dai Weijia, et al.Study of the composition, value, and overall protection of the cultural routes in the Han River Basin against the backdrop of population migration[C]//Bo Yang.Landscape Research Record No 6.Beijing: the Council of Educators in Landscape Architecture, 2017: 92-102.

[122] Xu J C, Ma E T, Tashi D J, et al.Integrating sacred knowledge for conservation: cultures and landscapes in southwest China[J].Ecology and Society, 2005, 10（2）: 7.

[123] Moore J L, Manne L, Brooks T, et al.The distribution of cultural and biological diversity in Africa[J].Proceedings of the Royal Society B: Biological Sciences, 2002, 269（1501）: 1645-1653.

[124] Maffi L.Language: a resource for nature[J].Nature and Resources, 1998, 34（4）: 12-21.

[125] Manne L L.Nothing has yet lasted forever: current and threatened levels of biological and cultural diversity[J].Evolutionary Ecology Research, 2003, 5: 517-527.

# 专著

[1] 鲁西奇.区域历史地理研究：对象与方法——汉水流域的个案考察[M].南宁：广西人民出版社，1999.

[2] 李文华.中国重要农业文化遗产保护与发展战略研究[M].北京：科学出版社，

2016.

[3] 王应临. 风景名胜区社区规划理论与实践 [M]. 北京：中国建筑工业出版社，2019.

[4] 梅莉，张国雄，晏昌贵. 两湖平原开发探源 [M]. 南昌：江西教育出版社，1995.

[5] 邹冬生，余铁桥. 农业生态学 [M]. 北京：中国农业科技出版社，1995.

[6] Richard B.Primack，马克平，蒋志刚. 保护生物学 [M]. 北京：科学出版社，2014.

[7] 郝时远. 特大自然灾害与社会危机应对机制 [M]. 北京：社会科学文献出版社，2013.

[8] 湖北省地质矿产局. 湖北省区域地质志 [M]. 北京：地质出版社，1990.

[9] Maffi L.On Biocultural Diversity：Linking Language，Knowledge，and the Environment[M].Washington D C：Smithsonian Institution Press, 2001.